JN288689

れ今日に及んでおります。

当時、森信三先生からは、この『一日一語』をもって「生き方宗」の教本とまで仰言っていただき、また、「内容は宗教語録なのですよ」とさえ評価をいただきました。またそのころ希望社運動主幹後藤静香先生の『全集』編集者たる加藤善徳先生に、一冊謹呈申し上げたところ、この『一日一語』に最大のご評価をいただいたことも、いま思い起こす次第です。


先師逝かれてはや十五年の歳月を経ましたが、いよいよ、森信三先生の教説にご注目くださるお方が教育界のみならず、経済界にも多く、また二十代三十代の若き学徒の中に見出されるに至りましたことは、ありがたい極みであります。

かつて、いまは亡き国民詩人と注目せられた伊予松山の坂村真民先生は、先師森信三先生の生誕百年祭の時、「森信三先生こそは、二十一世紀の扉をひらく唯一人のお方である」とのメッセージを寄せられました。またつねづね仰言られたことは、「森先生の教えは、高さも高いが、裾野《すその》が広い」とのご提言です。ということは日本を代表する霊峰富士に相当するのではなかろうかと思うわけです。

これほど、先生の教えについて言い得て妙なる表現はなきものとさえ思うのでありま す。わたくしは、いつも先師の歴史的評価として、第一に（一）国民教育者の師父として仰がれるべきお方と申し上げております。次に、（二）日本的哲学の継承者であり、あるべき哲学の本旨に則《のっと》り「全一学」たるべしとの創唱者であること。第三に(三)「人生二度なし」教の教祖であり、「生き方」宗の宗祖であるということです。いつもながら以上の三点をもって、ご紹介申し上げております。

いま日本の現状について申し上げるまでもなく、幾多の危機的状況を呈しておりますことは周知の通りです。それについてもの申す資格は毛頭ないわけですが、ただ一つ、教育に関して言えば先師の現実透察の眼力と、その対策の具体的方法論に深い共感を禁じ得ないものがあります。もっと言えば一見、平凡きわまりない小事凡事の中に、貴重な改革改善の着手点が宿されているのを認識するにつけても、わが生涯の師として一心決定のありがたさを痛感しております。と同時に、この貴種ともいうべき教えの種子を、人々にお伝えすることこそ、わたくしの使命とさえ、誓願を新たにするものがあります。

ところでこのたび、日本の行く手を照らす役割を果たしつつある致知出版社社長藤尾秀昭氏のご認識を得て、森信三先生『一日一語』がおとりあげいただき、わたくしの〈小註〉の書き添えまでお許しいただいたことは、ありがたい次第でいささかなりとも日本再生の礎石の一端となればと念ずることです。

編者

森信三　一日一語――人生に処する知恵

装幀——川上成夫
写真提供——㈳実践人の家

1月

これの世に
幽《かそ》けきいのち
賜《た》びたまひし
大きみいのち
つね仰ぐなり

不尽

一月一日

「人生二度なし」

これ人生における最大最深の真理なり。

一月二日

つねに腰骨をシャンと立てること——
これ人間に性根の入る極秘伝なり。

一月三日

天下第一等の師につきてこそ
人間も真に生甲斐ありというべし。

一月四日

逆境は　神の恩寵《おんちょう》的試錬なり。

一月五日

絶対不可避なる事は即絶対必然にして
これ「天意」と心得べし。

一月六日

一日不読　一食不喰。
書物は人間の心の養分。読書は一面からは心の奥の院であると共に、また実践へのスタートラインでもある。

〈小註〉「読書と実践」は車の両輪のごときものです。読書家は必ずしも実践者ではないですが、真の実践者は必ず無類の読書家であると聞いています。

一月七日

求道とは、この二度とない人生を如何《いか》に生きるか——という根本問題と取り組んで、つねにその回答を希求する人生態度と言ってよい。

一月八日

これの世の再び無しといふことを命に透《とほ》り知る人すくな
これの世に幽《かそ》けきいのち賜《た》びたまひし大きみいのちをつね仰ぐなり

〈小註〉 第一首は、「人生二度なし」の死生について深い自覚を促す歌意であり、第二首は、死生即賜生《しせい》についての感謝の念に他ならない。

一月九日

「天地始終なく人生生死あり」――これは頼《らい》山陽の十三歳元旦の「立志の詩」の一句ですが、これをいかに実感をもってわが身に刻み込むかが我われの問題です。

〈小註〉　頼山陽の「立志の詩」とは、「十有三春秋／逝者已如水／天地無始終／人生有生死／安得類古人／列千載青史」のその一節です。

一月十日

幸福とは求めるものでなくて、与えられるもの。

自己の為すべきことをした人に対し、天からこの世において与えられるものである。

一月十一日

一切の悩みは比較より生じる。

人は比較を絶した世界へ躍入するとき、始めて真に卓立し、所謂《いわゆる》「天上天下唯我独尊」の境に立つ。

一月十二日

悟ったと思う瞬間、即刻迷いに堕す。

自分はつねに迷い通しの身と知る時、そのまま悟りに与《あず》かるなり。

一月十三日

すべて手持ちのものを最善に生かすことが、人間的叡智《えいち》の出発といえる。教育ももとより例外ではない。

一月十四日

「行って余力あらば以って文を学ぶ」（論語）

つまり学問が人生の第一義ではなくて、生きることが第一義である。

一月十五日

人間は一生のうち、何処かで一度は徹底して「名利の念」を断ち切る修業をさせられるが良い。

一月十六日

信とは、人生のいかなる逆境も、わが為に神仏から与えられたものとして回避しない生の根本態度をいうのである。

一月十七日

五分の時間を生かせぬ程度の人間に、大したことは出来ぬと考えてよい。

〈小註〉 森先生のことばに、「五分あれば、ハガキ二、三枚書けるでないか」とあります。五分を無駄にしない生活態度です。

一月十八日

やらぬ先から「〇〇をやる」という人間は、多くはやり通せぬ人間と見てよい。

一月十九日

健康法の一つとして「無枕安眠法」――夜寝るさいに枕をしないで寝ること。これで一日の疲れは一晩で除《と》れる。

〈小註〉三大健康法の一つとして提示せられたもの。晩年桐の木枕の低いもの（高さ六センチメートル程度）を利用せられたとも聞いています。

一月二十日

ご飯が喉《のど》を通ってしまうまでお菜を口に入れない――これ食事の心得の根本要諦《ようてい》である。（――飯菜交互別食法――）

〈小註〉この「飯菜別食完全咀《そ》嚼《しゃく》法」を教えられたのが、森信三先生のお教えに随順する契機となりました。

一月二十一日

実行の伴わない限り、いかなる名論卓説も画《か》いた餅《もち》にひとしい。

一月二十二日

「朝のアイサツは人より先に!!」――これを一生つづけることは、人として最低の義務というべし。

一月二十三日

金の苦労を知らない人は、その人柄がいかに良くても、どこか喰《く》い足りぬところがある。人の苦しみの察しがつかぬからである。

一月二十四日

電話ほど恐しいものはない。というのも聞えるのはただ声だけで、先方の表情や顔つきは一切分らぬからである。

一月二十五日

いかなる人に対しても、少なくとも一点は、自分の及びがたき長所を見出すべし。

〈小註〉相手さまの「美点長所」の一点把握を怠らぬこと。そして必ず賞賛指摘を逃さないことを、いくたびも注意されました。

一月二十六日

上役の苦心が分りかけたら、たとえ年は若くても、他日いっかどの人間となると見てよい。

一月二十七日

ハガキの活用度のいかんによって、その人の生活の充実さ加減が測定できるといえよう。

一月二十八日

「一日は一生の縮図なり」―かく悟って粛然たる念《おも》いのするとき、初めて人生の真実の一端に触れむ。

一月二十九日

一つの学校の教育程度を一ばん手取り早く、かつ端的に知るには、子供たちのクツ箱の前に立って見るがよい（家庭もとより同様）。

〈小註〉「その学校の教育程度を知るには、三秒とかからぬ」と森先生はよく仰言《おっしゃ》られ、つづいてこの言葉を続けられました。

一月三十日

相手の心に受け容《い》れ態勢が出来ていないのにお説教するのは、伏さったコップにビールをつぐようなもの——入らぬばかりか、かえってあたりが汚れる。

〈小註〉「伏さったコップを先《ま》ず上向けにすること」が何より大切と力説。それには、先にあいさつ・すまいる・認めてほめること。

一月三十一日

しつけの三大原則

一、朝のあいさつをする子に――。それには先ず親の方からさそい水を出す。

二、「ハイ」とはっきり返事のできる子に――。それには母親が、主人に呼ばれたら必ず「ハイ」と返事をすること。

三、席を立ったら必ずイスを入れ、ハキモノを脱いだら必ずそろえる子に――。

〈小註〉　この「しつけの三大原則」の提唱こそ、人間の生き方の最基本とも言うべきもので、少なくとも小学校進学までに、そして少なくとも「つ」のつく間に習慣化するように取り組んでほしいとのお説です。

人生二度なし

そもそもこの世の中のことというものは、大抵のことは多少の例外があるものですが、この「人生二度なし」という真理のみは、古来只一つの例外すらないのです。

しかしながら、この明白な事実に対して、諸君たちは、果たしてどの程度に感じているのでしょうか。

『修身教授録』より

2月

これの世の
ふたたびなしと
いふことを
命に透り
知る人すくな

不尽

二月一日

「人生二度なし」―この根本認識に徹するところ、そこにはじめて叡智《えいち》は脚下の現実を照らしそめると云《い》ってよい。

二月二日

世の中はすべて「受持ち」なりと知るべし。

「受け持ち」とは「分《ぶん》」の言いにして、これ悟りの一内容というて可ならむ。

〈小註〉「受持ち」とは、分担であり、言い換えれば、「使命」とも申せましょう。

二月三日

畏友《いゆう》と呼びうる友をもつことは、人生の至楽の一つといってよい。

〈小註〉畏友とは、わが尊敬する友人のことです。畏友をもたぬとあれば、人生の至楽に欠けるとも言えましょう。

二月四日

生身《なまみ》の師をもつことが、求道の真の出発点。

二月五日

苦しみや悲しみの多い人が、自分は神に愛されていると分った時、すでに本格的に人生の軌道に乗ったものといってよい。

二月六日

自分に対して、心から理解しわかってくれる人が数人あれば、一応この世の至楽というに値しよう。

二月七日

金の苦労によって人間は鍛えられる。

二月八日

人間は腰骨を立てることによって自己分裂を防ぎうる。

〈小註〉「腰骨を立てること」すなわち「立腰」によって精神の統一力・集中力・持続力の強化につながると力説せられました。

二月九日

悟りとは、他を羨《うらや》まぬ心的境涯ともいえよう。

二月十日

名・利というものは如何《いか》に虚《むな》しいものか。
しかも人間はこの肉の体の存するかぎり、
その完全な根切りは不可能といってよい。

二月十一日

今日は建国記念日。これについては反対の説もある様であるが、米国などのように、歴史の浅い国では実証的な建国資料もあるが、我が国のように長い歴史をもつ国ではそれは不可能である。

そこで立場は二つ。科学的に正確な資料がないから放って置くか、それとも、民族の伝承に従って慶祝するかという二種の立場がありうるが、私は後者の立場に賛したい。

〈小註〉　かつては「紀元節」と言われた。神武天皇が大和の橿原宮《かしはらのみや》で即位した日をもって明治五年国民の祝日と定めた。

二月十二日

物事は一おう八〇点級の出来映《ば》えでよいから、絶対に期限に遅れないこと。これ世に処する一大要訣《ようけつ》と知るべし。

二月十三日

「家計簿」をつけるということは、妻たり主婦たるものの第一の絶対的義務。

二月十四日

一切の人間関係のうち夫婦ほど、たがいに我慢の必要な間柄はないと云ってよい。

二月十五日

○信とは、いかに苦しい境遇でも、これで己れの業《ごう》が果たせるゆえんだと、甘受できる心的態度をいう。

二月十六日

観念だけでは、心と躰《からだ》の真の統一は不可能である。されば身・心の真の統一は、肉体に座を持つことによって初めて可能である。

〈小註〉 これが「身心相即」の理と言われるもので、「肉体に座を持つ」とは、一つには立腰であり、いま一つは臍下丹田《せいかたんでん》と言われるものです。

二月十七日

ペスタロッチー

人類の夕暮を歎《なげ》く一人の隠者のこころ
誰か知りけむ

八十路《やそじ》過ぎて帰り来しノイホーフの
土は寒けく明け暮れにけむ

〈小註〉 ペスタロッチーは国民学校の創設者にして人類の教育者です。一七四六年一月十二日チューリッヒに生まれ、一八二七年二月十七日ブルッグにて逝かれた教育的聖者です。

二月十八日

人間として最も意義ふかい生活は、各自がそれぞれ分に応じて報恩と奉仕の生活に入ることによって開かれる。

二月十九日

手紙の返事はその場で片づけるが賢明。丁寧に——と考えて遅れるより、むしろ拙速を可とせむ。

二月二十日

偉《すぐ》れた先賢に学ぶということは、結局それらの人びとの精神を、たとえ極微の一端なりともわが身に体して、日々の実践に生かすことです。

二月二十一日

師の偉さが分り出すのは（一）距離的に隔絶していて、年に一回くらいしか逢《あ》えない場合（二）さらにはその生身《なまみ》を相見るに由《よし》なくなった場合とであろう。

〈小註〉 森先生ご自身の体験からも言われましょう。広島高師を卒《お》えて京都大哲学科へ転じてから師・西晋一郎先生の偉大さに心ひかれたとも聴いています。

二月二十二日

一人の卓《すぐ》れた思想家を真に読みぬく事によって、一箇の見識は出来るものなり。同時に真にその人を選ばば、事すでに半《なか》ば成りしというも可ならむ。

二月二十三日

人間は一生のうち逢うべき人には必ず逢える。しかも一瞬早過ぎず、一瞬遅すぎない時に——。

二月二十四日

縁は求めざるには生ぜず。内に求める心なくんば、たとえその人の面前にありとも、ついに縁を生ずるに到らずと知るべし。

〈小註〉 二十三日の一語と一対をなす語録です。出逢いは天意とは言え、その人に求める心なければ如何《いかん》ともし難しとの意です。

二月二十五日

書物に書かれた真理を平面的とすれば、「師」を通して学びえた真理は立体的である。

二月二十六日

満身総身《そうみ》に、縦横無尽に受けた人生の切り創《きず》を通してつかまれた真理でなければ、真の力とはなり難い。

二月二十七日

私は卅《さんじゅう》五歳前後のころに心の一大転換—回心—が起き、それ以後私は石が好きになって、石だけが唯一の趣味でした。ところが、それが卅年も続いたころ突然石ブームが生じて、石にも値段がつき、その上に切ったり磨いたりし出したので、それをしおにピタリと止《や》めました。

〈小註〉「石の趣味」に到られたのは、やはり、ままならぬ境遇を余儀なくされたからでありましょう。

二月二十八日

小夜更《ふ》けてしづかにおもふわが命全《また》けく
しありてここに生くるを
零下 廿《にじゅう》 度の空き家に寝《い》ねて凍餓死をし
づかに待ちしかの日をおもふ

〈小註〉 この格調高い歌の二首は、昭和五十年終戦後の満洲より帰国せられて直後詠まれたもので、幾たびか死地を超えられた回顧録です。

二月二十九日

春近き六甲山の山肌や厳《いか》しきが中に和《なご》み
そめつも
山頂にありし斑雪《はだれ》もいつしかに見えずな
りつも春近づけば

〈小註〉 いずれも歌集『国あらたまる』に所収のもの。長い長い厳冬を超えてやっと春の訪れをほのかに感得せられた実体験の人生そのものを詠まれたもの。

3月

尽未来《じんみらい》
流れてやまぬ
劫流《ごうりゅう》の
唯中にして
この命賜《た》びにし

不尽

三月一日

教育とは人生の生き方のタネ蒔《ま》きをすることなり。

三月二日

教育とは流水に文字を書くような果ない業《わざ》である。だがそれを巌壁《がんぺき》に刻むような真剣さで取り組まねばならぬ。

三月三日

どうしたら子供たちを、真に忍耐づよい子にすることが出来るか。

第一は人生に対して「立志」―のタネマキがなされねばならぬ。それには、親なり教師たるものが、まず自己の「心願」を立て、日々を真剣に生きぬくこと。

第二は、子供らを、ある程度肉体的苦痛に堪えさすこと。


以上の二つは、深い現実的真理であるが、もし第二の肉体的基盤を欠けば、第一もまた観念的理解の域を脱し得ないであろう。

三月四日

真の教育は、何よりも先ず教師自身が、自らの「心願」を立てることから始まる。

三月五日

眼に見える物さえ正せない程度で、刻々に転変して止《や》まぬ人間の心の洞察など、出来ようはずがない。

〈小註〉　かつて「履物を揃《そろ》えることの重要さの解らない者は教師になるべきでない」とお聞きしました。

三月六日

教師自身が四六時中腰骨を立てつらぬくこと―そしてこれが人間的主体の確立上、最有効かつ最的確な方途だとの確信に到達し、その上でそのタネ蒔きを子どもらに対しても始めること。

ここに人間教育の最大の眼目ありと知るべし。

〈小註〉「立腰教育」を推進せんと欲すれば、まず教師自身が、その「立腰」の成果と実効を体験することこそ、まず先決とせられました。

三月七日

学校の再建はまず紙屑《かみくず》を拾うことから―。次にはクツ箱のクツのかかとが揃《そろ》うように。

真の教育は、こうした眼前の瑣事《さじ》からスタートすることを知らねば、一校主宰者たるの資格なし。

〈小註〉「教育は観念的なキレイごとでない。言うなれば実に野暮《やぼ》ったいものである」と力説せられた。日々の実践とは本来そうしたもの。

三月八日

同志三名を作らずしてその学校を去る資格なし。

〈小註〉 職場の改革改善を主張してもどうにもならぬ。まず同じ考えをもつ同志三名を作ることが、最も基本的な作戦と言えよう。

三月九日

いかにしてテレビに打ち克《か》つ子どもにするか――

教師たるものはこの一点に、道徳教育のすべてをかけねばなるまい。

〈小註〉 青少年のテレビ視聴時間をいかに軽減するかに教師は全力を傾けていただきたいとも仰《おっしゃ》言られました。

三月十日

二十五才の誕生日までは煙草を吸わぬ。
ただし翌日からは絶対自由—
せめてこの一事なりと叩《たた》きこめる教師であってほしい。

三月十一日

(一) 週に一度の「学級だより」を
(二) 月に一度、卒業生への「ハガキ通信」を

以上の二つが実行できたら、二本の軌道に乗った新幹線のように、もうそれだけで、教育者として本格的な軌道に乗ったものといえよう。

〈小註〉 このように教育者としての「二本の軌道」を具体的に明示された点に魅力を感じます。

三月十二日

ハガキを最上の武器として活用しうる人間に――
かくしてハガキ活用の達人たるべし。

三月十三日

縁なき人の書物を数十ページ読むのが大事か、それとも手紙の返事を書くほうが大事か――このいずれをとるかによって、人間が分かれるともいえよう。

三月十四日

自分を育てるものは　結局自分以外にはない。これ恵雨芦田恵之助《けいうあしだえのすけ》先生の至言。

〈小註〉芦田恵之助先生は国語教壇にいのちを懸けた、歴史に残る教育者です。『恵雨語録』の中の一語です。森信三先生の『修身教授録』のゲラ刷りを手にし絶賛せられた最初のお方。

三月十五日

すべて最低絶対基本線の確保が大事であって、何か一つ、これだけはどうしても守りぬき、やりぬく――という心がけが肝要。

三月十六日

「宿題のすまぬうちはテレビを見ない」という子供に――。

この一事だけでも守れたら、その子は一おう安心ができるといってよかろう。

三月十七日

人間も、金についての親の苦労が分りかけて、初めて稚気《ちき》を脱する。随《したが》ってそれまでは結局、幼稚園の延長に過ぎぬともいえる。

三月十八日

物にもたれる人間は、やがて人にもたれる人間になる。
そして人にもたれる人間は、結局世の中を甘く見る人間になる。

三月十九日

節約は物を大切にするという以上に、わが心を引き締めるために有力だと分って人間もはじめてホンモノとなる。

〈小註〉 倹約節倹の大事さを特に説かれた先哲に石田梅岩先生があり、二宮尊徳先生がおられます。

三月二十日

性欲の萎《な》えた人間に偉大な仕事はできない。

―それと共に、みだりに性欲を漏らす者にも大きな仕事はできぬ。

三月二十一日

すべて人間には、天から授けられた受けもち（分）がある。

随ってもしこの一事に徹したら、人間には本来優劣の言えないことが分る。

〈小註〉　人それぞれは天から与えられた役割・分担・使命をもってこの地上に派遣せられています。

三月二十二日

読書は　実践への最深の原動力。

三月二十三日

本は読むだけずつ買い、買うだけずつ読む――というのが、理想であり望ましい。

〈小註〉　書物は一冊ずつ買い、帰宅までに二、三十ページまず読書することが肝要とかつて教えられました。

三月二十四日

人に長たる者は　孤独寂寥《せきりょう》に耐えねばならぬ。

三月二十五日

部下の真価を真に見抜ける人物は極めて少ない。

部下のうちに、自分より素質的に卓《すぐ》れた人間のいることを知っている校長は絶無というに近い。

三月二十六日

いざという時　肚《はら》のない人間は、人に長たる器とはいえぬ。

三月二十七日

お酒は利《き》き酒の飲み方にかぎる。同時にそこには、すべて物事の味を噛みしめる秘訣《ひけつ》がこもる。

〈小註〉「花看半開、人飲微酔」（花ハ半開ヲ看イ、人ハ微酔ニ飲ム）の語があります。飲み方の工夫こそ肝要と教えられる。

三月二十八日

人は退職後の生き方こそ、その人の真価だといってよい。

退職後は、在職中の三倍ないし五倍の緊張をもって、晩年の人生と取り組まねばならぬ。

三月二十九日

筆はちびる直前が一番使い良く、肉は腐る寸前が一番うまい。

同様に今後恵まれるわずかな残生を、衷心より懼《おそ》れ慎んで、「天命」に随順して生きたいと念《おも》う。

三月三十日

古来女をつくる事は易いが、手を切ることがむつかしいといわれる。同様に仕事を始めることはやさしいが、シメくくりをつけることは難しい。いわんや人生のしめくくりにおいておやである。

知らず、何を以《もっ》てこの世のメめくくりと考えるべきか。

三月三十一日

白雲の出雲《いずも》の国の山深く逢ひにし子らを
忘れかねつも
いつの日か復《ま》た相逢はん期《とき》なけむいのち
幽《かそ》けく寂しむものあり

〈小註〉　昭和二十一年六月旧満洲より無事生還せられて体力回復後、まず山陰地方の僻地《へきち》へ教育行脚の旅に出かけられた時のお歌です。

人生態度

大よそわが身に降りかかる事柄は、すべてこれを天の命として慎んでお受けするということが、われわれにとっては最善の人生態度と思うわけです。ですからこの根本の一点に心の腰のすわらない間は、人間も真に確立したとは言えないと思うわけです。

『修身教授録』より

4月

みいのちに
触《ふ》りせざりせば
おぞの身の
いのち如何にか
生きむとやせし

不尽

四月一日

人はすべからく　終生の師をもつべし。
真に卓越せる師をもつ人は　終生道を求めて歩きつづける。
その状あたかも　北斗星を望んで航行する船の如《ごと》し。

四月二日

心願をもって貫かねば、いかに才能ありともその人の「一生」は真の結晶には到らぬ。

〈小註〉「心願」とは、真志正望を意味します。
もっと言えば「この全身全霊を何に捧《ささ》げるか」という意志の決定と念願を意味する。

その時の心に響くことばが
必ずあります。
愛知県 男性

実りある人生の
良き教材と思います。
広島県 男性

経営者としての
心の支え。
福岡県 男性

生涯学び続けるために。
宮崎県 男性

困難なことにぶつかった時、
励まされている毎日です。
千葉県 女性

いかに生きるか。

人生、仕事を後押しする先達の言葉が満載。

定期購読のご案内

人間力・仕事力が高まる記事を毎月紹介!

- ●有名無名を問わず各界の本物、一流の人物の生き方を紹介。
- ●「感謝と感動の人生」をテーマに、毎号新鮮な話題を提供。
- ●人生の普遍的テーマを、時流にタイムリーな特集で掘り下げる。
- ●人生の岐路で、心に残る言葉、人生を支える言葉に出逢える。

43年にわたって
「人間学」を探究してきた
月刊『致知《ちち》』には、
「いつの時代にも変わらない
生き方の原理原則」と
「いまの時代を生き抜くための
ヒント」があります。

各界リーダーも愛読!!

詳しくは、『致知』ホームページへ ちち 検索

『致知』定期購読お申し込み書

太枠内のみをご記入ください。

お買い上げいただいた書籍名	

フリガナ お名前		性別	男 ・ 女
		生年月日	西暦 年 月 日生
会社名		役職・部署	
ご住所 （ご送本先）	〒 ー	自宅・会社（どちらかに○をつけてください）	
電話番号	自宅	会社	
携帯番号		ご紹介者	
E-mail	@		
職種	1.会社役員 2.会社員 3.公務員 4.教職員 5.学生 6.自由業 7.農 8.自営業 9.主婦 10.その他（ ）		
ご購読開始	号より 毎月 冊	ご購読期間	□ 3年 28,500円（定価39,600円） □ 1年 10,500円（定価13,200円） （送料・消費税含む）

※お申し込み受付後約5日でお届けし、翌月からのお届けは毎月5日前後となります。

弊社記入欄	

お客様からいただきました個人情報は、商品のお届け、お支払いの確認、弊社の各種ご案内に利用させていただくことがございます。詳しくは、弊社ホームページをご覧ください。
初回お届け号にお支払いについてのご案内を同封いたします。

FAXでも、お申し込みできます

FAX.03-3796-2108

四月三日

人間は、進歩か退歩かの何《いず》れかであって、その中間はない。
現状維持と思うのは、じつは退歩している証拠である。

四月四日

休息は睡眠以外には不要――という人間に成ること。
すべてはそこから始まるのです。

四月五日

人間は自己に与えられた条件をギリギリまで生かすという事が、人生の生き方の最大最深の秘訣《ひけつ》。

四月六日

物事はすべておっくうがってはいかぬ。その為には、先ず体を動かすことを俊敏に――。

四月七日

実践の中心は責任感である。
男らしさとは、つよい責任感をもつことである。

四月八日

釈尊の説かれた「無常」の真理とは、「この世ではいつ何が起るか分らぬ」――ということとです。それ故われわれは、常にこの「無常」の大法を心して、いつ何が起ころうと驚かぬように心しなければならぬ。

〈小註〉「無常迅速」とか「諸行無常」の一語あり、「無常の風ひとたび起きぬれば紅顔の少年もまた白骨と化す」の経文があります。

四月九日

人間のシマリは、まず飲食の慎《つつ》しみから——。

次には無駄づかいをしない事。そして最後が異性への慎しみ。

四月十日

古来傑出せる人ほど、コトバの慎しみは特に重視せしものなり。

良寛には「戒語」が四通りもあり、その内最大なるものは、九十箇条にものぼれど、そのすべてが言葉に関する戒めなり。

また葛城《かつらぎ》の慈雲尊者は、「十善法語」の十戒中、言葉の戒めが、※四箇条を占める。

以《も》って古人の言葉に対する慎しみのいかに深きかを知るに足らん。

道元も曰《いわ》く「愛語よく回天の力あるを知るべきなり」と。

注※四箇条とは（一）不妄語（二）不綺語（三）不悪口（四）不両舌

四月十一日

上位者にタテつくことを以って快とする程度の人間は、とうてい「大器」には成れない。

四月十二日

同僚より五分前に出勤する心がまえ——それが十年も積み重ねられたとき、いつしか大きなひらきとなる。

四月十三日

暗室に入ったように、周囲の様子が見え出すまでは、じっとして動かない。——これが新たな環境に移った場合のわたくしの流儀です。

〈小註〉　転勤・転職・部署の配置換え等により、新たな職場に入った場合における、極めて具体的な注意の一つです。

四月十四日

すべて物事の長短を冷厳に見て、しかも
固定化せぬこと。
しかも流動を流動のままにとらえつつ、
流されないように――。

〈小註〉 物事の見方・考え方についてこれほど
的確な二条件はなく、これに尽きると思います。

四月十五日

日常の雑事雑用を、いかに巧みに、要領
よくさばいてゆくか――
そうした処《ところ》にも、人間の生き方のかくれ
た呼吸があるといえよう。

四月十六日

ものごとの処理は、まず手順を間違えぬことから——
しかしそれには、あらかじめ、準備しておく必要がある。

〈小註〉 かねてより「準備・段取り・後始末」と言われており、「報告・連絡・相談」（ホウ・レン・ソウ」を怠ると職場がむつかしくなる。

四月十七日

人間というものは、自分が他人《ひと》様のお世話になっている間はそれに気づかぬが、やがて多少とも他人様のお世話をさせてもらう様になって、初めてそれが如何《いか》に大へんな事かということが分かるものです。

四月十八日

人間は何物かにたよったり、結構づくめな生活に慣れると―要するに飼いならされると、いつしか自己防衛本能が鈍《に》ぶる。

〈小註〉 かつて先生から「新幹線の車中、原則として食事をしない」これが便利でスピード化した現代に処する自律的態度であるとお聴きしました。

四月十九日

人間下坐の経験のない者は、まだ試験済みの人間とは言えない。

〈小註〉 下坐行とは、地位・年齢をこえて、身を下におき日常実践に努めることで、「近隣清掃」や「トイレ掃除」にすすんで参加することです。

四月二十日

キレイごとの好きな人は、とかく実践力に欠けやすい。

けだし実践とはキレイごとだけではすまず、どこか野暮《やぼ》ったく、泥くさい処を免《まぬか》れぬものだからです。

四月二十一日

人間が謙虚になるための、手近かな、そして着実な道は、まず紙屑《かみくず》をひろうことからでしょう。

〈小註〉「紙屑は拾《ひろ》ってくれるまで、その場でじっと待っている。しかしそれを感じるのは拾った経験のある人に限る」とかつてお聴きしました。

四月二十二日

野の一輪の草花をコップにさして、そこに幽《かす》かな美の感じられないような人は、真に心の通う人とはいえないですね。

〈小註〉　先生は美的関心のつよいお方で、道ゆく時も塀ごしに咲く冬バラに足をとどめ、またショーウィンドウの盆栽に眺め入るのでした。

四月二十三日

金原省吾氏

限りなき哀《かな》しみふかく湛《たた》へつつ常のごとくも在りておはさむ

人気《ひとけ》なき夜半《よは》に目覚めてをりをりは声し忍《しの》ばす時もありなむ

〈小註〉　金原省吾氏は、東洋美学研究の権威者であり、歌人で島木赤彦のお弟子でした。お二人の息子さんは戦死なされました。

四月二十四日

友情とは、年齢がほぼ等しい人間関係において、たがいに相手に対して、親愛の情を抱くことであるが、友情ほどこの世の人間関係の内で、味わい深いものはない。

そして友情において大事な事は、常に相手に対して、「その信頼をうら切らない」という一事に尽きる。

四月二十五日

すべて宙ぶらりではダメです。多くの人が宙ぶらりんだからフラつくのです。ストーンと底に落ちて、はじめて大地に立つことができて、安泰この上なしです。

四月二十六日

「極陰は陽に転じる」―これ易の真理にして、宇宙の「大法」である。けだしこの大宇宙は、つねに動的バランスを保ちながら、無窮に進展しているが故である。

四月二十七日

最深の愛情とは、ある意味では人生の無常を知らせることかも知れません。そしてそれには、教える者自身が、日々無常に徹して生きていなければ出来ることではないでしょう。

四月二十八日

石はどういうのが良いかというと

一、第一は座りの良いこと――尤《もっと》もブームになってからは下を切ったり磨いたりし出したが、これらは何れも邪道。

二、形の佳《よ》いこと――形は大たい山の恰好《かっこう》をしているのが良く、動物などに似ているのは下品とされている。

三、石質の堅緻《けんち》なこと――これは大事な条件の一つ。

四、色は普通は黯《くろ》みがかかったのを佳しとするが、時には佐渡の赤石のような例外もある。

五、以上のうち二、三、四はいずれも良いが、唯座りだけが問題だという場合には、台をつくって鑑賞する場合もある。

〈小註〉先生推せんの書に、久米正雄著『石の鑑賞』あり、何より品格を重んずるとあります。

四月二十九日

この地上には、真に絶対なものは一つもない。在るはみな相対有限なもののみ。だが、如上の実相を照破する寂光のみは絶対的といえよう。それ故この地上では、絶対の光はつねに否定を通してのみ閃《ひら》めくといえる。

〈小註〉「絶対の光はつねに否定を通してのみ閃めく」のこの否定は、マイナス条件と解釈した方が解《わか》りがいい。

四月三十日

極陰は陽に転ずることわりをただにし思《も》へば心動ぜず
大いなる光照れれば国民《くにたみ》のいのちや竟《つひ》に改まるべき

〈小註〉歌集『国あらたまる』に所載。終戦帰国後の廃墟《はいきょ》に立たれての感懐です。

生命の愛惜感《あいせきかん》

思えば私達が、何ら自らの努力によらないで、ここに人間としての生命を与えられたということは、まことに無上の幸と言うべきでしょう。しかも私達は、これが何ら自己の努力によるものでないために、かえってこの生命の貴さに対して、深い感謝の念を持ち得ないのです。すなわち自分のこの生命に対して、真の感謝、愛惜の念を抱き得ないのです。

『修身教授録』より

5月

人間の
一世《ひとよ》おもへば
おのがじし
負い来《き》し業《ごう》を
果さむとする

不尽

五月一日

われわれ人間は「生」をこの世にうけた以上、それぞれ分に応じて、一つの「心願」を抱き、最後のひと呼吸《いき》までそれを貫きたいものです。

五月二日

多少能力は劣っていても、真剣な人間の方が最後の勝利者となるようです。

五月三日

毀誉《きよ》ほうへんを越えなければ、一すじの道は貫けない。

五月四日

三ツのことば

①「人を先にして己れを後にせよ」

②「敵に勝たんと欲するものはまず己れに克《か》て」

③「義務を先にして娯楽を後にせよ」

〈小註〉

①は数学者の岡潔先生のことば。

②は女子バレー大松博文監督のことば。

③これは森信三先生のことば。

五月五日

一、一度思い立ったら石にしがみついてもやりとげよう。

二、ホンのわずかな事でもよいから、とにかく他人のためにつくす人間になろう。

五月六日

高すぎない目標をきめて必ず実行する。

ここに「必ず」とは、唯の一度も例外を作らぬ——という心構えをいうのである。

五月七日

百円の切符が九十八円で買えないことは、五円で買えないのと同じである。
もの事は最後の数パーセントで勝敗が決する。

〈小註〉 先生からわたくし自身お叱りをうけた時のコトバです。

五月八日

「義務を先にして、娯楽を後にする」――たったこの一事だけでも真に守り通せたら、一かどの人間になれよう。

五月九日

睡眠は必要に応じて伸縮自在たるべし。

「何時間寝なければならぬ」というような固定観念をすて、必要に応じて五時間・三時間はもとより、時には徹夜も辞せぬというほどの覚悟が必要。

〈小註〉「予定した仕事をその日の内に済ませる」これが先生の流儀で、睡眠時間を切りつめてもという構えです。

五月十日

目覚むれば力身内《みうち》に湧きいづるこの不思議さよ何といふべき

せめてわが命果てなむ際《きわ》だにもこれの不思議を畏《かしこ》みてあらな

〈小註〉七十歳代のお歌とお察しします。生命力の復活蘇生《そせい》の不思議さを詠まれたものです。

五月十一日

食事をするごとに心中ふかく謝念を抱くは、真人の一特徴というべし。それだけに、かかる人は意外に少ないようである。

五月十二日

朝起きてから夜寝るまで、自分の仕事と人々への奉仕が無上のたのしみで、それ以外別に娯楽の必要を感じない——というのが、われわれ日本のまともな庶民の生き方ではあるまいか。

五月十三日

「下学《かがく》して上達す」—下学とは日常の雑事を尽すの意。それゆえ日常の雑事雑用を軽んじては、真の哲学や宗教の世界には入りえないというほどの意味。

〈小註〉雑事雑用を軽んじては、大成しないどころか、哲学や宗教の世界にも入り得ないこの一語は、味わうべき真言です。

五月十四日

「五十にして天命を知る」—というが、知という限り、まだ観念的なものが残っている。それ故「六十にして耳順う」の境に到って、はじめて真理の肉体化がはじまるともいえよう。

〈小註〉五十は知命の年。未《いま》だ観念的なものから脱し得ない。六十にして耳順。やっと真理が身についてくるとの意。

五月十五日

真人と真人とが結ばれねばならぬ。現在わたくしが最も努力しているのは、縁のある真人同志を結ぶことです。

〈小註〉　先生が尽力されたのは、知られざる隠れた真人の発掘と、顕彰であり、かつ真人同志の結合でありました。

五月十六日

世間的に広くは知られていないけれど、卓《すぐ》れた人の書をひろく世に拡《ひろ》める——世にこれにまさる貢献なけむ。

〈小註〉　ベストセラーではないが、卓れた良書の発見とその紹介に尽力せられ、読書会のはじめに先生は板書せられました。

五月十七日

心は見えないから、まず見える躰《からだ》の方から押さえてかからねばならぬ。それ故心を正そうとしたら、先づ躰を正し物を整えることから始めねばならぬ。クツをそろえること一つが、いかに重大な意味をもつか分らぬような人間は、論ずるに足りない。

五月十八日

挙手は、行動的な「しつけ」の第一であって、断乎《だんこ》たる決意の表明ともなる。挙手についてはまず①五本の指をそろえ、②ついで垂直に上げること③そして最後に俊敏に!!――という三つが大事。

五月十九日

「腰骨を立てる」ことは、エネルギーの不尽の源泉を貯《たくわ》えることである。この一事をわが子にしつけ得たら、親としてわが子への最大の贈り物といってよい。

〈小註〉「立腰」をわが子にしつけるには、授乳の時から始めるがいいと助産婦より教えられました。

五月二十日

息子を一生に三度は叱るか、それとも一生に一度も叱らぬか、父親にはこのような深い心の構えがなくてはなるまい。

五月二十一日

山深く来しとあらねどこの寺に山鶯《うぐいす》の
声聞きにけり
はつ〳〵に楓《かえで》の若葉萠《も》え出でてこれのみ
寺の明るかりけり

〈小註〉 若葉いっぱいにあふれるお寺の参道、それに呼応して山鶯の声、いのち蘇生の季節であり風景です。

五月二十二日

現世的に恵まれると、美も宗教もわからぬ人間となる。何となれば、共に世の薄《はっ》倖《こう》な人びとに与えたまう天の恩恵だからである。

五月二十三日

真の鑑識眼は、最初のうちは、最上のものの一つに徹することによって得られる。いたずらに比較考量している限り、ついに物事の真に徹するの期なけむ。

〈小註〉 眼力を養うには、㈠一流のものに接すること、㈡この人と一心決定したら、一人にしぼりこみ、深く究めること。

五月二十四日

美的な創造感覚と、蓄財利殖の能力とは両極的なものです。天二物を与えず――ですネ。

〈小註〉 この言葉を発せられた時の、先生の微笑が眼に浮かぶようです。

五月二十五日

芸術品の場合、倦きがこないということが良否の基準となる。つまり倦きがこないとは、作品に人為の計らいがないせいで、それだけ天に通じる趣きがあるといえよう。同時にこれは、ひとり芸術品だけでなく、人間一般にも通じることでしょう。

五月二十六日

感覚を新鮮にするには、つねに異質的なものを媒介として自己を磨く必要がある。でないと感覚はいつしか鈍磨して、マンネリ化する恐れがある。

〈小註〉 すべて創造にしろ創作にしろ、異質的媒介によるとの鉄則があるようです。

五月二十七日

石が分かるということは、物が分かり出した一徴標といってもよい。というのは、相対界を離れた証拠ともいえるからである。

五月二十八日

わたくしには何も出来ませんが、ただ人さまの偉さと及び難さを感じる点では、あえて人後におちないつもりです。

五月二十九日

すべて物事は、その事の真髄への認識と洞察が根本で、真に認識に徹したら、動き出さずにはいられぬはず。ところで認識への手引きはヤハリ生きた書物でしょうね。

五月三十日

一、腰骨を立て
二、アゴを引き
三、つねに下腹の力を抜かぬこと
同時にこの第三が守れたら、ある意味では達人の境といえよう。

五月三十一日

真理の化身《けしん》とやいはめ幻《まぼろし》の時に顕《た》ちきて
われを導く
一人の隠者の心幽《かそ》けくも追ひ求めてぞひ
と世過ぎしか

真の志とは

　そもそも真の志とは、自分の心の奥底に潜在しつつ、常にその念頭に現れて、自己を導き、自己を激励するものでなければならぬのです。いやしくも、ひとたび真の志が立つならば、それは事あるごとに、常にわが念頭に現れて、直接間接に、自分の一挙手一投足に至るまで、支配するところまでいかねばならぬと思うのです。

『修身教授録』より

6月

悲しみの
極みといふも
なほ足りぬ
いのちの果てに
みほとけに逢う

不尽

六月一日

世の中の事はすべてが一長一短で、両方良いことはない。

哲学の最終的帰結も、宇宙間の万物は、すべて絶大なる動的平衡（調和）によって保たれている――という一事だといってよい。

六月二日

真理は現実の只中《ただ》にあって書物の中にはない。
書物は真理への索引《インデックス》ないしはしおり、、、に過ぎない。

六月三日

「世の中は正直」とは、
神は至公至平—というに近い。

六月四日

わが身にふりかかる事は、
すべてこれ「天意」—
そしてその天意が何であるかは、すぐに
は分からぬにしても、嚙《か》みしめていれば
次第に分かってくるものです。

六月五日

この世における辛酸不如意・苦労等を、すべて前世における負い目の返済だと思えたら、やがては消えてゆく。だが、これがむつかしい。

〈小註〉　今世において遭遇するもろもろの苦しみは、前世における借財の返済と思えたら、ひとつひとつ悩みの解消につながるとの意。

六月六日

すべて悩みからの脱却には行動が必要。「南無阿弥陀仏《なむあみだぶつ》」という念仏称名もそのひとつ。手紙を書くのも掃除をするのも、はたまた写経をするのも——それぞれに良かろう。

六月七日

わが身に降りかかった悲痛事に対して、その何ゆえか（WHY）を問わない。それよりも如何《いか》に（HOW）対処すべきかが大切。

六月八日

哲人といえども迷う時はあろう。だが迷う時間が短かろう。悟った人でも迷うことはある。しかし迷う時間が短い。

六月九日

玄米食は、我われ日本人には「食」の原点である。

それ故玄米食を始めると、かえって味覚が鋭敏になる。

〈小註〉　玄米食にはとりわけ箸《はし》おきは必需品。一碗少量の玄米を噛みしめる所に無限の滋味ありと言えます。

六月十日

豆腐の味は「日本の味」である。それ故豆腐の味が分りかけたということは、その人が真に日本人らしくなりかけた一徴表とも言えようか。

六月十一日

お金に困らぬ人間になる工夫

一、大きなお金をくずすのは、一日でも先にのばすこと。

二、お札を逆さに入れたり、ハチあわせにしたりせぬこと。

三、財布を幾つか持っていて、それぞれの用途や向きに応じて別にしておくこと。

六月十二日

金銭は自分の欲望のためには、出来るだけ使わぬように――。

そしてたとえわずかでもよいから、人のために捧《ささ》げること。

そこにこの世の真の浄福境が開けてくる。

〈小註〉「使い方によってお金は阿弥陀ほど光る」とも聴いています。とにかく「お金の哲学」をもたねばなりません。

六月十三日

人間もつねに腰骨を立てていると、自分の能力の限界がわかるようになる。随《したが》って無理な計画はしなくなる。私が今日まで大たい計画の果遂ができたのも、その根本はこの点にある。

六月十四日

仕事は一気呵《か》成《せい》にやりぬくに限る。もし一度には仕上らず、どうしても一度中断せねばならぬ場合には、半ばを越えて六割辺までこぎつけておくこと――これ仕事をやりぬく秘《ひ》訣《けつ》である。

六月十五日

わたくしには、なん度聞いても飽《あ》きぬ話が三つある。
一つは（地蜂の）蜂の子とりの話。次はいいやまめ（ヒラメ）釣りの話。そして最後は富山の薬屋の新規開拓の苦心談。

〈小註〉　蜂の子とりにしろ、渓流に住むやまめ釣りにしろ、その習性をよく把《とら》えての努力。富山の薬屋の購買心理の透察についての苦心談が人の心を打つ。

六月十六日

暁の床に目覚めてうつつなき心に響きかじかは啼《な》くも
ほのぼのと外《と》の面《も》はややに白みたれ河鹿《かじか》は鳴くも小暗き室《へや》に

〈小註〉　詩人の坂村真民先生の歌に「河鹿鳴く重信川の川上にわれの詩魂は永久《とわ》に留まる」との歌碑が刻まれています。

六月十七日

如何にささやかな事でもよい。とにかく人間は他人のために尽すことによって、はじめて自他共に幸せとなる。これだけは確かです。

六月十八日

天性資質にめぐまれた者は、二割五分前後を割《さ》いて他に奉仕すべし。これは本来東洋の伝統思想たる「恩」の思想に基づくものであるが、それをマルクスの搾取観を媒介として、現代的に甦《よみがえ》らせた真理ともいえよう。

六月十九日

たった一枚のハガキで、しかもたった一言のコトバで、人を慰めたり励ましたり出来るとしたら、世にこれほど意義あることは少ないであろう。

〈小註〉　ハガキ活用の達人森信三先生によって複写ハガキの元祖徳永康起氏が生まれ、その継承者坂田道信氏がその衣鉢を継いでいられる。

六月二十日

疲れると眠りますが、横になると躰《からだ》がない、まるので、机にもたれて眠ることにしています。先ず光線をさえぎる為に黒い絹布を頭にかぶり、恰好《かっこう》は猫を手本にしてなるべく球形に近づくと、大てい五分くらいで眠りに入り、十五分前後で覚めて心気一新です。

〈小註〉　自らの執筆著述よりもハガキ書きを優先せられた先生ですが、一定の睡眠時間を考えられないで仕事に没頭せられました。

六月二十一日

人は真に孤独に徹することによって、初めて心眼がひらけてくる。けだしそれによって相対観を脱するからである。

〈小註〉　先生は七十六歳の時以来、ほぼ十年間独居自炊の生活をせられました。相対観を脱するとは、神との対話の日暮らしとも言えます。

六月二十二日

論語の「朋《とも》あり遠方より来る。亦《また》楽しからずや」とは、現在では用のないのに同志のハガキが届く事ではあるまいか。つまり今日では、友の代わりにハガキの来る場合の方が遥《はるか》に多いわけです。

〈小註〉　携帯電話によるEメールの時代とも言えますが、真に心深いハガキの交信は、いよいよその意味を深めるでありましょう。

六月二十三日

幸福とは、縁ある人々との人間関係を噛みしめて、それを深く味わうところに生ずる感謝の念に他なるまい。

六月二十四日

人間は何人も自伝を書くべきである。
それは二度とないこの世の「生」を恵まれた以上、自分が生涯たどった歩みのあらましを、血を伝えた子孫に書きのこす義務があるからである。

〈小註〉　自伝は、この世に生を賜ったいのちの歩みの記録であると共に、一種の報恩録であると教えられました。

六月二十五日

人間の生き方には何処《どこ》かすさまじい趣がなくてはならぬ。一点に凝集して、まるで目つぶしでも喰わすような趣がなくてはならぬ。人を教育するよりも、まず自分自身が、この二度とない人生を如何に生きるかが先決問題で、教育というは、いわばそのおこぼれに過ぎない。

六月二十六日

人間はおっくうがる心を刻々に切り捨てねばならぬ。
そして齢《とし》をとるほどそれが凄《すさ》まじくならねばなるまい。

六月二十七日

「随処作主」とは、人はどんな境遇の中にあっても、リンリンとして生きてゆける人間になることでしょう。

六月二十八日

「一剣を持して起《た》つ」という境涯に到って、人は初めて真に卓立して、絶対の主体が立つ。甘え心やもたれ心のある限り、とうていそこには到り得ない。

六月二十九日

往相はやがて還相に転ぜねばならぬ。そして還相の極は施であり奉仕である。

〈小註〉　往相とは自分を育てること。還相とは人のために尽くすこと。結局のところこの二つが一つであらねばならぬのでありましょう。

六月三十日

小川村を訪ふ

老藤の垂りにたりたる下をゆくいささ流れも清らかにして
苔《こけ》むせる御墓の前に彳《たたず》みて碑の古文字を見つつをろがむ（江州小川村は中江藤樹先生生誕の地）

〈小註〉　森信三先生の師の西晋一郎先生は、中江藤樹先生顕彰会の初代会長で、藤樹先生の学徳敬慕の第一人者であられるだけに、森信三先生もまた深く恭敬せられました。

7月

一人《いちにん》の
隠者の心
幽《かそ》けくも
追ひ求めてぞ
ひと世過ぎしか

不尽

七月一日

世界史は表から見れば「神曲」の展開――そして之《これ》を裏がえせば、人類の「業」の無限流転といえよう。されば之に対して何人が、絶対的正邪善悪をいう資格があろう。

〈小註〉　なぜ人類はかくも対立抗争をくり返し、栄枯興亡の運命を辿《たど》らざるを得ないのでしょうか。これは〝業〟としかいい様のないものです。

七月二日

この地上には、一さい偶然というべきものはない。外側からみれば偶然と見えるものも、ひと度その内面にたち入って見れば、ことごとく絶対必然だということが分る。

七月三日

いかに痛苦な人生であろうとも、「生」を与えられたということほど大なる恩恵はこの地上にはない。そしてこの点をハッキリと知らすのが、真の宗教というものであろう。

〈小註〉先生の遺筆に「賜生《しせい》」とありまして、それ以来、この一語がわたくしの座右の銘となりました。

七月四日

人はその一心だに決定すれば、如何《いか》なる環境に置かれようとも、何時《いつ》かは必ず、道が開けてくるものである。

七月五日

弱さと悪と愚かさとは、互いに関連している。けだし弱さとは一種の悪であって、弱き善人では駄目である。また智慧《ちえ》の透徹していない人間は結局は弱い。

七月六日

人間の偉さは才能の多少よりも、己に授かった天分を、生涯かけて出し尽すか否かにあるといってよい。

七月七日

自己の力を過信する者は、自らの力の限界を知らぬ。そして力の限界が見えないとは、端的には、自己の死後が見えぬということでもあろう。

七月八日

かにかくにひと世《よ》つらぬき生きて来しそのいや果てぞいのち賭けなむ

〈小註〉「とにもかくにも、一つの心願を貫いて生きてきましたが、いま人生最期の仕事に全生命を打ちこんでこれを仕遂げて死にたいと思う」という人生畢生《ひっせい》の願いをこめたお歌です。

七月九日

道元の高さにも到り得ず、親鸞《しんらん》の深さにも到り得ぬ身には、道元のように「仏になれ」とも言わず、また親鸞のように「地獄一定の身」ともいわず、たゞ「人間に生まれた以上は人らしき人になれよ」と教えられた葛城《かつらぎ》の慈雲尊者の、まどかなる大慈悲心の前に、心から頭が下がるのです。

〈小註〉「人となる道」を徹底して説かれた大阪の生んだ高僧、慈雲尊者の足元に拝跪《はいき》する先生の姿がうかがえます。

七月十日

足もとの紙クズ一つ拾えぬ程度の人間に何が出来よう。

〈小註〉この一語がわたくしにとって頂門の一針です。少しは拾えるようになりましたが、まだまだ未熟のほどを反省しています。

七月十一日

畏友《いゆう》というものは、その人の生き方が真剣であれば必ず与えられるものである。もし見つからぬとしたら、それはその人の人生の生き方が、まだ生温くて傲慢《ごうまん》な証拠という他あるまい。

七月十二日

肉体的な距離が近過ぎると、真の偉大さは分かりにくい。それ故その人の真の偉さがわかるには、ある程度の距離と期間を置いて接するがよい。

七月十三日

なぜ私は石が好きかというと

一、第一には何時までたっても倦《あ》きがこない。

二、また石は、盆栽や小鳥などのように一切世話や手入れの必要がない。

三、その上ブームになるまでは、石には金銭的な値段がつかなかったので、私のような横着者には最上の趣味でした。

七月十四日

自分の最も尊敬している偉人の伝記は、精《くわ》しく調べていて、自在に実例が出るようでなければ真の力とはなりにくい。

七月十五日

肉体的苦痛や精神的苦悩は、なるべく人に洩《も》らさぬこと―。

人に病苦や不幸を漏らして慰めてもらおうという根性は、甘くて女々しいことを知らねばならぬ。

七月十六日

手に入れし鴨川石を厳《きび》しけき時世《ときよ》なれど
もわが愛《め》でてをり
遠山をとほく眺むる姿なすこれの石かや
愛《め》でて飽《あ》かぬかも

〈小註〉 先生は敗戦後帰国せられてしばらく不遇の時代が続きますがその折、川原の小石を拾うことが、何よりの心の慰安だったようです。

七月十七日

「流水不争先」――現世的な栄進の道を、アクセク生きてきた人が、あげくの果てに開眼せられた一境地といってよかろう。

七月十八日

公生涯にあっては、出処・進退の時機を誤らぬことが何よりも肝要。だが相当な人物でも、とかく誤りがちである。これ人間は自分の顔が見えぬように、自分のことは分らぬからである。

〈小註〉 先生はひとりつぶやくように、微笑《ほほえ》んで「お互いに自分の背中は見えませんからネ」と申されました。

七月十九日

人間は退職して初めて肩書の有難さがわかる。だが、この点を率直に言う人はほとんどない。それというのも、それが言えるということは、すでに肩書を越えた世界に生きていなければ出来ぬことだからである。

七月二十日

言葉の響きは偉大である。一語一音の差に天地を分かつほどの相違がある。それゆえ真に言葉の味わいに徹するのは、そのままいのちに徹するの謂《い》いといってよい。

〈小註〉 先生の言語感覚の鋭敏さは申すまでもありません。かつて「生きざま」という下品な言葉は使いたくない。「生き方」という明解な言葉があると。

七月二十一日

すべて物事は、リズムを感得することが大切である。

リズムは、根本的には宇宙生命に根ざすものゆえ、リズムが分かりかけてはじめて事物の真相も解り出すわけである。中んずく書物のリズムの如《ごと》きは、著者の生命の最端的といってよい。

〈小註〉言葉の感性とリズム感は天性に加えて多年の修錬によるものでしょう。短歌や俳句に詩は、言葉の感性を磨く上で最も有効でしょう。

七月二十二日

批評眼は大いに持つべし。されど批評的態度は厳に慎しむべし。

七月二十三日

創作家が評論をするのは、チューブに穴をあけるようなもので、それだけ創作への迫力が減殺される。随《したが》って真の文豪は、評論は書かずに自己の作品で示している。

七月二十四日

わたくしは文章による論争というものはしたことがない。それというのも、論争は第三者には面白くても、当事者双方は、それによってお互いに傷つけ合うだけだからである。

七月二十五日

善悪・優劣・美醜などは、すべて相対的で、何ら絶対的なものではない。何となれば、いずれも「比較」によって生まれるものであり、随って尺度のいかんによっては、逆にもなりかねないからである。

七月二十六日

心の通う人とのいのちの呼応こそ、この世における真の浄福であり、人間にとって真の生甲斐といってよかろう。

七月二十七日

精薄児や身障児をもつ親は、悲観の極、必ず一度はこの子と共に身を滅したいとの念《おも》いに駆られるらしいが、しかもその果てには必ず、この子のお陰で人間としての眼を開かせてもらえたという自覚に到るようである。

七月二十八日

ある時

悲しみの極みといふもなほ足りぬいのちの果てにみほとけに逢《あ》ふ

〈小註〉 寝たきりの在宅重度身障児をもたれるご家庭の「訪問教師だより」をまとめられた今は亡き小林頴一《えいいち》先生を思い出します。

七月二十九日

「救い」とは「自分のような者でも、尚《なお》ここにこの世の生が許されている」―という謝念でもあろうか。そしてその見捨てない最後の絶対無限な力に対して、人びとはこれを神と呼び仏と名づける。

〈小註〉　無類の宗教者であり教育者であられた東井義雄先生の言葉に「願う時も願わない時も守られている」とありますが、神はまどろみたまふことなしである。

七月三十日

人はこの世の虚《むな》しさに目覚めねばならぬが、しかしそれだけではまだ足りない。人生の虚しさを踏まえながら、各自応分の「奉仕」に生きてこそ、人生の真の味わいは分かり初める。

七月三十一日

たそがれて人影もなき池の辺に野茨《のいばら》の
花咲き盛りをり
白じらと夕べ仄《ほの》かに池の辺に咲く野茨を
愛《かな》しみて見つ

〈小註〉　坂村真民先生の詩に「二度とない人生だから一輪の花にも無限の愛をそそいでゆこう」とあります。

下坐行を積む

さて下坐行ということは、その人の真の値打以下のところで働きながら、しかもそれを不平としないばかりか、かえってこれをもって、自己を識り自分を鍛える絶好の機会と考えるような、人間的な生活態度を言うわけです。

『修身教授録』より

8月

現《うつ》そ身の
人のいのちや
肉《ししむら》の消えにし時ゆ
甦《よみが》へり来む

不尽

八月一日

一、時を守り
二、場を浄《きよ》め
三、礼を正す

これ現実界における再建の三大原理にして、いかなる時・処《ところ》にも当てはまるべし。

八月二日

われわれ、人間はそれぞれ自分の宗教的人生観―真の人間観―をもつべきである。そしてそれは極微的には、それぞれその趣を異にし、最終的には、一人一宗ともいえよう。

八月三日

人間の智慧《ちえ》とは、
㈠先の見通しがどれほど利くか
㈡又どれほど他人の気持ちの察しがつくか
㈢その上何事についても、どれほどバランスを心得ているか
という事でしょう。

〈小註〉㈠先見力㈡洞察力㈢調和力とも言えましょう。先生の言葉に「行動的叡智」という忘れがたい一語もあります。

八月四日

英知とは、その人の全知識、全体験が発火して、一瞬ひらめく不可視の閃光といってよい。

八月五日

一眼はつねに、個としての自己の将来の展望を怠らぬと同時に、他の一眼は、刻々に変化しゆく世界史の動向を見失わぬことです。

こうした異質的両極を、つねにわが身上に切り結ばせつつ、日々を生きぬくことが大切でしょう。

〈小註〉「異質的両極を切り結ぶ」とは、先生の「学問方法論」であるだけでなく、生き方・考え方にも通用する肝要な一語です。

八月六日

形ある石ひとつ分らぬような人間に、どうして色も形もなく、そのうえ転変常なき人心の察しなど出来るはずがない。いわんや子らの心を育てみちびく教育の如《ごと》きにおいておや。

〈小註〉とにかく観察・洞察の「察」の心を力説せられた先生は、随時・随所に、「察」の手を打たれました。

八月七日

秋になって実のなるような果樹で
春、美しい花の咲く樹はない。

八月八日

すべて物事には基礎蓄積が大切である。
そしてそれは、ひとり金銭上の事柄のみ
でなく、信用に関しても同じことが言え
ます。否、この方がはるかに重大です。

八月九日

才無きを憂えず
才の恐しさを知れ

八月十日

「すべて最上なるものは、一歩を誤まると中間には留まり得ないで最下に転落する——」とは、げに至深の真理というべし。

〈小註〉　易の真理に「極陰は陽に転じ」「極陽は陰に転ず」と言われる如く、とりわけ最上位にあるものの没落ほどみじめなものはありません。

八月十一日

夫婦の仲というものは、良きにつけ悪しきにつけ、お互いに「業《ごう》」を果たすために結ばれたといえよう。
そしてこの点に心の腰がすわるまでは、夫婦間の動揺は止《や》まぬと見てよい。

〈小註〉「業」とは癖・性分《しょうぶん》とも言えましょう。
お互いの癖・性分を矯正するために、天の配慮によって結ばれたと考え得たら、と思います。

八月十二日

女が身につけるべき四つの大事なこと
㈠子供のしつけ ㈡家計のしまり ㈢料理
そして ㈣最後が清掃と整頓。

〈小註〉では男が身につけるべき条件はと問われそうです。㈠責任感 ㈡決断力 ㈢実行力 ㈣洞察力と言えましょうか。

八月十三日

性に関しては、たとえ人から尋ねられても答える義務はない。

何となれば、聞く方が非礼であるのみならず、「性」に対する冒瀆《ぼうとく》だからである。

八月十四日

男の子は素質的には母親似が多く、娘は父親似が多い。

そして後天的には、息子は父親に、そして娘は母親に学ぶ。

ここに生命における「性」の相互交錯と交互滲透《しんとう》、ならびに先天と後天の絶妙なる天理がうかがえる。

〈小註〉　相互交錯と交互滲透は左の如し。

八月十五日

一粒のけし粒だにもこもらへる命貴《たふた》ふと思ふこのごろ

〈小註〉　生命の不思議さ、生命の尊厳性にしみじみ感慨せられるお歌です。「いのちの貴種」という一語も遺しておられます。

八月十六日

人間の生命が、たがいに相呼応し共感し得るということは、何たる至幸というべきであろうか。世にこれに勝るいかなる物があるであろうか。

八月十七日

人間はいくつになっても、名と利の誘惑が恐ろしい。
有名になったり、お金が出来ると、よほどの人でも、ともすれば心にゆるみが生じる。

八月十八日

その人が何を言っているかより、何を為《し》ているかが問題。

そして両者の差がヒドければヒドイほど、その人は問題の人といってよかろう。もしその上に有名だったら、一種の悪党性がつけ加わるとさえ言えよう。

八月十九日

人間は才知が進むほど、善・悪両面への可能性が多くなる。故に才あるものは才を殺して、徳に転ずる努力が大切である。

八月二十日

水鳥の朽木《くちき》に浮ぶ真白さを清《すが》しとぞ見つ
朝の汀《みぎわ》に
天地《あめつち》の明けゆく光ほのぼのと朝の河面《かわも》に
わが見つるかも

〈小註〉 清々しい明け方の風景をとらえた名歌です。夜が明けるということは何とすばらしいことでありましょうか。光が射しそめるということは――。

八月二十一日

他人の学説の模写的紹介をしたり、あるいは部分的批評をする事をもって、哲学であるかに考えている人が少なくないが、真の哲学とは、この現実の天地人生をつらぬく不可視の理法を徹見して、それを一つの体系として表現する努力といってよい。

八月二十二日

世の中には、いかに多くのすぐれた人がいることか—それが分りかけて、その人の学問もようやく現実に根ざし初めたと云えよう。

八月二十三日

われわれ人間は、ただ一人の例外もなく、すべて自分の意思ないし力によって、この地上に生まれてきた者はない。そしてこの点に対する認識こそ、おそらくは最高最深の叡知《えいち》といってよい。されば我われ人間は、それぐ〱自分がこの世に派遣せられた使命を突き止めねばなるまい。

八月二十四日

一切万有は神の大愛の顕現であり、その無量種の段階における発現というべきである。

八月二十五日

真実というものは、一点に焦点をしぼってピッチを上げなければ、発火しにくいものである。

八月二十六日

人間関係——与えられた人と人との縁——をよく噛《か》みしめたら、必ずやそこには謝念がわいてくる。これこの世を幸せに生きる最大の秘訣《ひけつ》といってよい。

八月二十七日

宗教は人間が立派に生きるためのもの。随《したが》って人間は神には仕えるべきであるが、宗教に仕えるべきではあるまい。ひとつの宗教にゴリゴリになるより、人間としてまっとうに生きる事の方が、はるかに貴いことを知らねばなるまい。

八月二十八日

真の宗教が教団の中に無いのは、真の哲学が大学に無いのと同様である。これ人間は組織化せられて集団になると、それを維持せんがために、真の精神は遠のくが故である。

〈小註〉　一つの宗教々団が組織化されると、一種の権力集団と化する実例は、歴史上、数多あることです。

八月二十九日

親鸞《しんらん》は「歎異抄《たんにしょう》」の冒頭において、「弥《み》陀《だ》の誓願不思議に助けられまゐらせて」という。その不思議さを、親鸞と共に驚きうる人が、今日果して如何《いか》ほどあるといえるであろうか。

八月三十日

人間はこの肉体をもっている限り、煩悩の徹底的な根切りは不可能である。そしてこの一事が身根に徹して分ることこそ、真の救いといってよかろう。

八月三十一日

看護《みとり》しつつ独り坐すれば人間のひと世の
運命《さだめ》しじに思ほゆ
これの世の「業」を果して逝《ゆ》きにける人
のいのちの今や清《すが》しも

〈小註〉　先生が多年にわたり闘病入院の文子奥様を亡くされた時の感懐です。それぞれのもつ人間の運命につき、しみじみと回想せられ、「業」としか言いようのないものを感じ、深い哀しみと同情を抱かれたものであります。

絶対必然即絶対最善

この世における色々のよからぬこと、また思わしからざることも、畢竟するに神の全知の眼から見れば、それぞれそこに意味があると言えるわけです。

そこで今この信念に立ちますと、現在の自分にとって、一見いかにためにならないように見える事柄が起こっても、それは必ずや神が私にとって、それを絶対に必要と思召されるが故に、かく与え給うたのであると信ずるのであります。

『修身教授録』より

9月

たらちねの
親のみいのち
わが内に
生きますと思ふ
畏《かしこ》きろかも

不尽

九月一日

「円心あって円周なし」―そしてみな自主独立にして出入自在。

今後は無数のコンミューンが生まれねばならぬが、この様な円の中心者たちが、互いに手を取り合う「開かれたコンミューン」でなければなるまい。

〈小註〉「コンミューン」とは共同組織体。「開かれたコンミューン」とは、自主独立にして出入自在。わたくしどもの「読書会」は『修身教授録』をテキストに年会費をとらず、出入り自由で二百五十回を重ねてきました。

九月二日

「一人雑誌」の意義
㈠各自の主体性の確立に資するところ大。
㈡さらに同志相互間の生命の呼応、展開に資する光がために―。
〈小註〉「一人雑誌」とは個人誌と同じ。学級通信・学校通信・事業所通信とは類を異にするもので、全く一個人の起草編集によるものです。発行部数は五十部前後が適切とせられました。A4判一枚ものの両面四ページ程度。

九月三日

自己と縁なき著名人の書を読むより、縁ある同志の手刷りのプリントを読む方が、どれほど生きた勉強になるか分からぬ。これ前者は円周上の無数の一点に過ぎないが、後者は直接わが円心に近い人々だからである。

〈小註〉「縁ある同志の手刷りのプリント」にも眼を通され、一筆、ハガキを書き送られた先生の誠実無比の生き方に頭が下がります。

九月四日

今日は義人田中正造翁が、同志庭田清四郎の家で最後の呼吸を引き取った日。枕頭に残された遺品としては、頭陀《ずだ》袋一つ。中にあったのは聖書と日記帳、及びチリ紙と小石数個のみだったと。

戦前正造に関しては五巻の「義人全集」があるのみだったので、翁の遺弟の黒沢酉蔵氏や雨宮義人氏等と語らい「全集」刊行の議を起して発足したが、途中岩波書店に引継がれ（その間多少遺憾《いかん》な経緯

（次頁に続く）

はあったが）、今や完璧《かんぺき》な「全集」の刊行されつゝあることは、事に関わった私にとっては望外な欣《よろこ》びです。

〈小註〉　足尾銅山の廃液による渡良瀬《わたらせ》川流域の公害問題に議員職をなげ捨ててまで村民と共に闘いつとめた田中正造こそは日本人の原像であると先生は讃《たた》えられ、岩波書店とかけあい、『田中正造全集』にまで結実せしめた陰の功労者であります。

九月五日

人間は身心相即的存在ゆえ、性根を確かなものにしようと思えば、まず躰《からだ》から押さえてかからねばならぬ。それゆえ二六時中、「腰骨を立てる」以外に、真に主体的な人間になるキメ手はない。

九月六日

九十九人が、川の向う岸で騒いでいようとも、自分一人はスタスタとわが志したこちら側の川岸を、わき眼もふらず川上に向って歩き通す底の覚悟がなくてはなるまい。

九月七日

一、「開かれたコンミューン」づくりと
一、玄米自然食の実行
これ今日激動する時代に対処する、二つの自己防衛策といってよかろう。

九月八日

自己の道は自己にとっては唯一にして絶対必至の一道なれど、他から見ればワン・オブ・ゼムたるに過ぎない——との自覚こそ大事なれ。そしてこの理を知ることを真の「自覚」とはいうなり。

九月九日

人間何事もまず十年の辛抱が肝要。そしてその間抜くべからず、奪うべからざるは基礎工事なり。されば黙々十年の努力によりて、一おう事は成るというべし。

九月十日

相手と場所の如何《いかん》に拘《かかわ》らず、言うべからざることは絶対に口外せぬ。この一事だけでも、真に守り得れば、まずは一かどの人間というを得む。

九月十一日

蔭《かげ》でライバルの悪口をいうことが、如何《いか》に自己を傷つけるはしたない所業かということの分らぬ程度の人間に、大した事など出来ようはずがない。

九月十二日

自分より遥《はる》かに下位の者にも、敬意を失わざるにいたって、初めて人間も一人前となる。

九月十三日

尊敬する人が無くなった時、その人の進歩は止まる。

尊敬する対象が、年と共にはっきりして来るようでなければ、真の大成は期し難い。

九月十四日

人は自己に与えられた境遇の唯中《ただなか》に、つねに一小宇宙を拓《ひら》かねばならぬ。されば夜店の片隅にいる一老爺《ろうや》でも、その心がけ次第では、一小天地の中に生きているといえよう。

九月十五日

人間の真価と現世的果報とは、短い眼で見れば合致せずとも見ゆべし。されど時を長くして見れば、福徳一致は古今の鉄則なり。

九月十六日

石川理紀之助翁

雑草の生ひ茂りたるひとところ碑前に額《ぬか》づきしましありけり

草木谷《くさきだに》よつね思ひつゝもつひに来し涙流れてせむ術《すべ》もなき

〈小註〉 秋田の生んだ農聖石川理紀之助翁の遺跡を、先生は毎夏巡回せられた東北の旅にしばしば訪問せられました。

九月十七日

仕事への熱心さ×心のキレイさ＝人間の価値。隠岐の学聖永海佐一郎博士が「人間の真のネウチ」として立てられた公式です。この明確な表現には心から敬意と讃歎《さんたん》を禁じえません。唯われわれ凡人としては、「心のキレイさ」には到り得なくても、せめて「心の暖かさ」が望ましいと思いますね。

〈小註〉 隠岐の生んだ無機化学の権威者永海佐一郎博士と、森先生はご親交厚く、実践人夏季研修を隠岐でも開催されました。

九月十八日

正直という徳は、われわれ人間が、世の中で生きてゆく上では、一ばん大切な徳目です。それ故「正直の徳」を身につけるためには、ひじょうな勇気がいるわけですが、同時に他の一面からは、相手の気持ちを察して、それを傷つけないような深い心づかいがいるわけです。

九月十九日

㈠われわれのこの人生は、二度と繰り返し得ないものだということ。

㈡われわれは、いつ何時死なねばならぬかも知れぬということ。

この二重の真理が切り結ぶことによって、はじめて多少は性根の入った人間になれるといってよかろう。

九月二十日

人間の書く物の中で、読まれることの一番確かなのは「手紙」である。それ故できたら複写紙で控えをとっておくことは、書物を書くのと比べて幾層倍も大事なことといえよう。

〈小註〉 昭和四十一年森先生門下の俊傑徳永康起先生に、複写用箋《ようせん》を利用しその控えを取るよう懇願せられたのが、「複写ハガキ」の始まりとなり、その道の元祖となりました。

九月二十一日

宮沢賢治

明治以後われらが民族に斯《か》くばかり清《すが》しき生命かつて生《あ》れしやこれの世にいのち短かく生《あ》れ出でて永久《とわ》の光となりし君はも

〈小註〉 宮澤賢治の生まれは明治二十九年八月二十七日で、森信三先生の生まれは同年九月二十三日ですから、あまり差はなく、これを先生は、栄誉とさえ思っておられました。

九月二十二日

真に個性的な人の根底は「誠実」である。

それというのも、一切の野心、さらには「我見」を焼き尽さねば、真に個性的な人間にはなれないからである。

九月二十三日

徳化とは理屈によって化するにあらず。
心の表現としてのリズムによって化するなり。
かくしてリズムの味は言葉には言い難けれど、予想以上に深く人心を化するものなり。

九月二十四日

徳川時代の偉人に学ぶということは、「現在もしそれらの人々が、この激流のような時代に生きていたとしたら、いかに行動するであろうか」と考え、「今日自分として如何に生きることが、それら超凡の偉人の心懐に一脈通うであろうか」との志念やむなきものがなくてはならぬでしょう。

九月二十五日

真理は感動を通してのみ授受せられる。だがそれには、教師自身の生きた真理に対する感動こそ、その根源といえよう。

九月二十六日

道の継承には、少なくとも三代の努力を要せむ。従って継承者は師におとらぬだけの気魄《きはく》と精進を要せむ。

九月二十七日

われわれ有限者にとっては、絶対者は幻を通してしか接しられない。それはちょうど、晴れた日の太陽は直視できないように、雲間を透してのみ、その姿を垣間見ることが出来るようなものです。

九月二十八日

私の学問は「哲学」とか「心実学」というより「全一学」と呼ぶのが応《ふさ》わしいようです。また私が尊敬している方も、西洋ではプロチノスとスピノザ、また我国では藤樹、梅岩、梅園、慈雲及び尊徳というような人々で、いずれも「全一学」に生きた人々です。

九月二十九日

死の覚悟とは―いつ「死」に見舞われても、「マア仕方がない」と諦《あきら》めのつくようにして、死に到るまでの一日一日を、自分としてできるだけ充実した「生」を生きる他あるまい。

九月三十日

みすずかる信濃の宿のひと室《へや》に遺書をか
くがに書《ふみ》かき暮す
肉《しし》むらの朽ちはてむとき自《し》が書《ふみ》の命かそ
けく呼吸《いき》づくらむか

〈小註〉 信州中野市の沓野旅館に逗留《とうりゅう》し『宗教的世界』を執筆せられた時の述懐です。

心の腰をすえる

もし諸君らにして、真に意義ある人生を送ろうとするなら、人並みの生き方をしているだけではいけないでしょう。それには、少なくとも人の一倍半は働いて、しかも報酬は、普通の人の二割減くらいでも満足しようという基準を打ち立てることです。そして行くゆくは、その働きを二人前、三人前と伸ばしていって、報酬の方は、いよいよ少なくても我慢できるような人間に自分を鍛え上げていく人です。

『修身教授録』より

10月

この呼吸《いき》の
ひとたび止めば
わが生命
永久《とわ》の世界に
還りゆくらむ

不尽

十月一日

因果というものは厳然たる真理です。それゆえ如何《いか》にしてかかる因果の繋縛《けばく》を超えるか。結局はその理を体認透察することであるが、現実には後手《ごて》に廻《まわ》らぬこと。つまり常に先手、先手と打ってゆくことである。

十月二日

一体どうしたら思索と行動のバランスがとれるか。

第一に、物事をするのをおっくうがらぬこと。

第二に、つねに物事の全体を見渡す智慧《ちえ》を——

第三に、物事の本質的順序を誤らぬこと。そしてこれらの凡《すべ》てを総括して行動的叡《えい》智《ち》という。

十月三日

この世の事はすべて借金の返済であって、つまる処《ところ》天のバランスです。すべてが「宇宙の大法」の現われだということが解《わか》ったら、一切の悩みは消えるはずです。

十月四日

真の形而上学は、古来孤独寂寥《せきりょう》に生きた魂の自証の表現以外の何ものでもない。

―一例　スピノザ―

十月五日

天下同悲の人の心をおもう
石不言　花不語

〈小註〉 先生が拙宅の二階で書毫下さった言葉です。わたくしの心情をお察しいただきお書き下さったものです。

十月六日

卓《すぐ》れたる才《さえ》もたせけるこの友の盲《めし》ひし
運命《さだめ》何とかもいはむ
庭樹々に来啼《きな》く小鳥のもろ声をしづかに
し聴く友の姿や

〈小註〉 視力喪失の友を訪ねられた時の秀作です。その友は広島高師時代の同輩と記憶しますが、そのお名前は思い出せません。

十月七日

読書は単に知的な楽しみだけであってはならぬ。直接間接に、わが生き方のプラスになるものを選びたい。それには単に才能だけで生きた人より、自殺寸前という様なギリギリの逆境を突破して、見事に生き抜いた人のものの方が、はるかに深く心を打つ。

十月八日

「笑顔は天の花」

笑顔によって、相手の心の扉が開けたら――。

〈小註〉先生は笑顔を大変重視せられました。あえて「鏡笑法」と申され、毎朝鏡に向かうたびに、笑顔の練習をさえ勧められました。

十月九日

母親は単に家族の一員でなくて、まさに
家庭の太陽である。

十月十日

親として大事なこと二つ
㈠親自身、自分の為すべき勤めと真剣に
取り組むこと。
㈡つねにわが子の気持ちの察しのつく親
になること。
勿論後者のほうが何層倍とむつかしい。

十月十一日

これだけの俸給を得るために、主人がどれほど下げたくない頭を下げ、言いたくないお世辞を言っているか――ということの分る奥さんにして、初めて真に聡明な母親となるわけです。

十月十二日

夫婦のうち人間としてエライほうが、相手をコトバによって直そうとしないで、相手の不完全さをそのまま黙って背負ってゆく。

夫婦関係というものは、結局どちらかが、こうした心の態度を確立する外ないようですね。

十月十三日

裏切られた恨みは、これを他人に語るな。その悔しさを嚙みしめてゆく処から、はじめて人生の智慧は生まれる。

十月十四日

男として大事なことは、見通しがよく利いて、しかも肚《はら》がすわっているということ——

この両者はもちろん関連は深いが、しかし常に一致するとは限らない。

十月十五日

地上における人間の生活は、時あっては血飛沫《しぶき》を浴びつつ前進しなければならぬ場合もある。随って砂塵《さじん》や烈風を恐れるものには、真の前進はあり得ない。

十月十六日

善人意識にせよ、潔白さ意識にもせよ、もしそれを気取ったとしたら、ただにイヤ味という程度を越えて、必ずや深刻な報復を免《まぬか》れぬであろう。

十月十七日

仏・魔の間《かん》、真にこれ紙一重のみ。

〈小註〉先生の「墨蹟《ぼくせき》」に「魔界出で難し」とあります。一方、作家の川端康成は、「魔界入り易し」と書かれています。

十月十八日

人間のシマリは、「性」に対するシマリをもって最深とする。

しかも異性に対する用心は、何といっても接近しないことである。

如何なる人でも近づけば過ちなきを保し難いのが、「性」というものの深さであり、その恐ろしさである。

十月十九日

この地上では、何らかの意味で、犠牲を払わねば、真に価値あるものは得られぬとは、永遠の真理である。だからもしこの世において犠牲の必要なしという人があったとしたら、それは浅薄な考えという他ない。

だが犠牲は他に強要すべきものでは断じてない。かくして犠牲において、大事な点は、自ら犠牲の重荷を負う本人自身には何ら犠牲の意識がないどころか、そこには深い喜びと感謝の念の伴うのが常である。

十月二十日

私はおコワならおコワ一式、ソーメンならソーメン一式で、ソーメンを頂いてからご飯も頂くということはしません。

十月二十一日

人間晩年になっても仕事が与えられるということは、真に忝《かたじけな》い極みと思わねばならぬ。待遇の多少などもちろん問題とすべきではない。

〈小註〉 いまこの一語を日々実感する年齢に達しております。やはり八十歳を越えないとこの実感はしみじみ味わえないのではと思えます。

十月二十二日

「世の中はなるようにしかならぬ、だが必ず何とかはなる――」
もしこの「何とか」というコトバの中に、「死」というコトバも入れるとしたら、これほど確かな真理はないであろう。

十月二十三日

もし私があの世へ、唯一冊の本を持って行くとしたら、恐らくは『契縁録』を選ぶでしょう。何となれば、それは二度とないこの世において、私という一個の魂が、縁あって巡り合い知り合った人々の自伝の最小のミニ版だからです。

〈小註〉『契縁録』㈠は昭和四十四年七月発行。「森信三全集」二十五巻完結記念。『契縁録』㈡は昭和五十九年六月発行。森信三先生米寿記念。『契縁録』㈢は平成四年五月発行。先生九十五歳の記念。

十月二十四日

中にゐて中と思はぬ霞《かすみ》かな
娑婆《しゃば》即寂光浄土

〈小註〉第一句は、恩光の唯中におりますと、恩光に包まれていることすら分かりにくいものとの意。

第二句は、苦しみの多い娑婆苦界の世界ではありますが、見方・考え方を変えると、寂光にみちた浄土界なのですとの意。

十月二十五日

愛する前に理解がなければならぬ。同時に愛しなければ真の理解は得難い。それ故かかる処にも、生きた真理は、すべていいのちの円環を描いていることが分明である。

〈小註〉同様に「教えることは学ぶことである」と言われておりますように、「教導と自修」とはいのちの円環を描いて発展深化されるもののようです。

十月二十六日

人間を知ることは現実を知ることのツボである。わたくしが人間に対して限りなき関心をもつのは、生きた人間こそ無量な「真理の束《たば》」だからである。

十月二十七日

「性」への深い洞察なくしては、学問もなければ思想もない。いわんや聖人聖者においておやである。何となれば、聖者聖人とは、人間性の洞察の奥底に達した人生の大達人ともいうべき人々だからである。

〈小註〉　徳川時代中期の石門心学の祖石田梅岩先生は、何より性を知ることを第一とせられた。この場合の「性」は、本質・本体を指し、もちろん性欲の性ではない。

十月二十八日

人間の一世《ひとよ》おもへばおのがじし負ひ来《き》し
「業《ごう》」を果さむとする
これの世にいのち生《あ》れにし奇《くす》しさよおの
ものおのもが業果しする

〈小註〉「おのがじし」とは、それぞれがとい
う意。「おのもおのも」とは、おのおのがとい
う意。「業」とは、身・口・意における善悪の
行為の総称。

十月二十九日

祖先の「血」は即今この吾《われ》において生き
つつある。—この理が真に解った時、人
は初めて人生の意義もわかりかけ、同時
にその時天地の実相の一端にも触れむ。

十月三十日

親への孝養とは、単に自分を生んでくれた一人の親を大事にするだけでなく、親への奉仕を通して、実は宇宙の根本生命に帰一することに外ならない――。

これ藤樹先生のいわゆる「大孝」の説であり、これを今日の言葉でいえば、まさに「孝の形而上学」というべきであろう。

十月三十一日

たらちねの親のみいのちわが内に生きますと思ふ畏《かしこ》きろかも

〈小註〉たらちねのは親の枕詞《まくらことば》。畏きろかもは畏きからむかもの略。かもは感嘆詞。愛知県半田市・常福院の墓標の横に黒御影石に刻まれてある。

一日の意味

一生を真に充実して生きる道は、結局今日という一日を、真に充実して生きる外ないでしょう。実際一日が一生の縮図です。われわれに一日という日が与えられ、そこに昼夜があるということは、二度と繰り返すことのないこの人生の流れの中にある私達を憐んで、神がその縮図を、誰にもよく分かるように、示されつつあるものとも言えましょう。

『修身教授録』より

11月

東西の
狭間《はざま》にありて
一筋の
道求め来し
ひと世なりしか

不尽

十一月一日

男は無限の前進に賭《か》けるところがなければならぬ。
女は耐えに耐えつつ貫き通すことが大切。

〈小註〉　なぜ女性が耐えねばならぬかと疑問詞をなげられそうですが、私見によれば女性は内助の功を発揮してほしいという願いをもっております。その上わが子の教育に絶大な忍耐を発揮してほしいと思います。

十一月二日

死の絶壁に向ってつよくボールを投げつけ、そのはねかえる力を根源的エネルギーとしながら、日々を生きぬく人物の生きざまは、げにも凄《すさ》まじい。

十一月三日

日本史を通観する時、天皇は民族の虚中心といってよい。だがそれは生身としてではなく位格としてである。随《したが》ってそれが実中心となった時代は比較的短く、かつ実効を伴わなかった。

そしてそれが顕著に功績を挙げたのは、上古を除けば、近世ではほとんど明治期だけといってよい。それは、明治期は我らの民族が封建体制を脱して、近代国家として世界に門戸を開くという異常な時代だったが故であろう。

十一月四日

肚《はら》をすえるという事は、裏返せばすべて神まかせという事でもある。だが単に神まかせというだけでは、まだ観念的であって、よほどそれに徹しないとフラつきやすい。

十一月五日

宗教とは、ある面からは現実認識への徹到ともいえよう。そしてその場合、現実の中心を為すのはもちろん人間である。随って人は、宗教によって真の人間認識に達しうるともいえよう。

〈小註〉　ここで言う宗教は、教団的宗教でないことは申すまでもありません。宗教は現実的認識の極地において神の信仰に導かれるようであります。

十一月六日

嫉妬《しっと》は女にのみ特有のことではなく、男女に共通する最深の罪といってよい。そしてそれは結局、自己の存立がおびやかされる事への危惧《きぐ》感であって、いかに卓《すぐ》れた人でも、事ひと度自己の専門に関する事柄ともなれば、いかに隠そうとしても妬心《としん》が兆《きざ》す。

〈小註〉　嫉妬心は人間原罪の一つであるゆえに、仲間たちの嫉妬を買わざるよう細心の配慮を要するというべきでしょう。

十一月七日

真に心深き人とは、自己に縁ある人の苦悩に対して深く共感し、心の底に「大悲」の涙をたたえつつ、人知れずそれを噛《か》みしめ味わっている底《てい》の人であろう。

〈小註〉「内に大悲」の泪をたたえた人とは、いますぐ思い出されるのは、三浦綾子さんであり大石順教尼であり、男性では宮沢賢治さんではなかったろうか。

十一月八日

津軽野をわが訪ひ来ればまづ仰ぐ岩木霊
山よ常若《とこわか》にして
津軽野に清《すが》しく立てる岩木嶺《ね》よ霊山とい
ふも宜《うべ》にこそあれ

〈小註〉先生は毎年休みに東北の旅に出られ、岩木霊山を遠く眺め、心を慰め癒されたのではなかったかと思われます。

十一月九日

今はわたくしにはいわゆる専門というものは無くなった感じが深い。もし強いて言うなれば、今後のわたくしには生きることが専門となったという外ない。

〈小註〉 この述懐は、先生が八十歳を迎えられた頃のもので、まさに「生き方」宗の宗祖のコトバともいうべきものです。

十一月十日

人間は真に覚悟を決めたら、そこから新しい智慧《ちえ》が湧いて、八方塞《ふさが》りと思ったところから一道の血路が開けてくるものです。

〈小註〉 「決心覚悟」とか「肚がまえ」という言葉をしばしば拝聴しましたが、幾多の辛酸逆境を通過せられた体験からくる言葉でありましょう。

十一月十一日

知識の完全な模写物より、自分が躰《からだ》でつかんだ不完全知の方が、現実界ではははるかに有力である。

十一月十二日

この世では、総じてキレイごとで金をもうけることはむつかしい。
これ現実界における庶民的真理の一つといってよい。

十一月十三日

西晋一郎先生

現《うつ》そ身の人の形に生《あ》れましてもろもろ人
に道示させし
みいのちに触りせざりせばおぞの身のい
のち如何《いか》にか生きむとやせし

〈小註〉 先生にとって広島高師時代の西晋一郎
先生こそ生涯の師として崇敬せられました。お
その身とは愚か者の意。このお歌はわたくしが
森先生に捧《ささ》げるべきお歌でもあります。

十一月十四日

名利の念を捨てることは容易でないが、
それはとにかくとして、少なくとも名利
というものが絶対的でない事を知らせて
下すった方こそ、真に「開眼《かいがん》」の師とい
うべきであろう。

十一月十五日

師は居ながらにして与えられるものではない。
「求めよ、されば与へられん」というキリストの言葉は、この場合最深の真理性をもつ。

十一月十六日

「知愚一如」の真理を身に体するのは、容易なことではないが、一応分らせて頂いたのは、河上肇博士の宗教の師で、「無我愛」の行者の伊藤証信さんからでした。

〈小註〉「知愚一如」の真理とは、知慧《ちえ》ある者は知に偏し自ら慢する所あれば愚か者の自覚者に劣るということです。真の智者は自らの凡愚の内観者であるということです。

十一月十七日

知っていて実行しないとしたら、その知はいまだ「真知」でない――との深省を要する。無の哲学の第一歩は、実はこの一事から出発すべきであろうに――。

〈小註〉「無」の哲学を探究せられたのが西田幾多郎先生です。「無」とはいのちの根源的統一力ということで、実行力に欠けるということは「知行合一」の根源的エネルギーに欠けるということです。

十一月十八日

地上の現実界は多角的であり、かつ錯雑窮まりない。随って何らかの仕方で常にシメククリをつけねば仕事は進まない。そしてそれへの最初の端緒こそ、ハキモノを揃《そろ》えるしつけであって、それはやがて又、経済のシマリにもつながる。

〈小註〉「ハキモノを揃える」ことは、(一)シメククリをつける(二)自律力を養うの二大作用があることを教えられています。

十一月十九日

分を知るとは自己の限界の自覚ともいえる。随って人間も分を自覚してから以後の歩みこそほんものになる。だが才能のある人ほど、その関心が多角的ゆえ、「分」の自覚に入るのが困難であり、かつ遅れがちである。

十一月二十日

分を突きとめ　分をまもる。

十一月二十一日

人間の真価を計る二つのめやす――。一つは、その人の全智全能が、一瞬に、かつ一点に、どれほどまで集中できるかということ。もう一つは、睡眠を切りちぢめても精神力によって、どこまでそれが乗り越えられるかということ。

十一月二十二日

すべて一芸一能に身を入れるものは、その道に浸りきらねばならぬ。躰中の全細胞が、画なら画、短歌なら短歌にむかって、同一方向に整列するほどでなければなるまい。

〈小註〉　一芸一能に秀でた達人というものは、体内の六兆全細胞の全集中力・全統一力によらねば達成せられるものではないということを教えられています。

十一月二十三日

声は腹より出すものなり。座談に至るまで、その一語一語が腹より出づるに到れば、これひとかどの人物というべし。それには常に下腹の力の抜けぬ努力が肝要。

〈小註〉　白隠禅師の言葉に「気海丹田・腰脚足心」とありますが、やはり重心を下におく工夫というものが大切なようです。

十一月二十四日

我執とは、自己の身心の統一が得難く、その分裂乖離《かいり》の結果、心が欲望の対象に偏執する相といえる。それゆえ、およそ「修業」の根本となるものは、いずれも身・心の相即的統一を図る工夫を念とする。

〈小註〉「身・心の相即的統一を図る工夫」として、坐禅あり、掃除あり、歩行あり、そして読経あり素読ありであります。

十一月二十五日

人は他を批判する前に、まず自分としての対策がなければならぬ。しかも対策には何よりもまず着手点を明示するを要する。この程度の心の用意なきものは、他を批判する資格なしというべし。

十一月二十六日

今や東京は、その人口が世界最大のみならず、政治・経済・文化等の一切を貪《むさぼ》り集めている。そのうえ、文化の伝達機関たる出版までも独占し、ためにアメリカ風の浮薄な文化が、今や全国的にまんえんして、ほとんどその極に達せんとしつつある。これ私が「遷都論」を唱えざるを得ないゆえんである。

十一月二十七日

学問や思想の世界においてさえ、真に自分の眼で物を見、自己の頭でその真偽・優劣を判断せずに、広義の世評を基準としてしか物の判断のできない人が多いということは、真に嘆かわしい極みである。

〈小註〉　先生は美的感性においても鋭敏なお方で、絵画・彫刻・陶芸ならびに刀剣にまで独特の鑑識眼をおもちのようでした。

十一月二十八日

交通機関の速さが、今後人間関係をいよいよ複雑にし、かつ刹那《せつな》的にするであろう。ではそうした狂燥的な社会にいかに対処するかが問題だが、これも根本的には各自が「腰骨を立てる」以外に途《みち》はあるまい。というのも結局は、自己の主体的統一を堅持する以外に途はないからである。

十一月二十九日

人間は
（一）職業に対する報謝として、後進のためにに実践記録を残すこと。
（二）この世への報謝として「自伝」を書くこと。随って自伝はその意味からは一種の「報恩録」ともいえよう。
（三）そして余生を奉仕に生きること。
これ人間として最低の基本線であって、お互いにこれだけはどうしてもやり抜かねばならぬ。

十一月三十日

冬に入る日本海のすさまじさ潮騒《しおざい》の音を
聞きにけるかも
陽の落ちて暗くしなれるこの岸に打ちと
よもせる潮騒の音（石見《いわみ》の海）

〈小註〉初冬の一夜石見の海に打ち寄せる潮騒の音を聴かれての感懐ですが、冬の夜の寂寥《せきりょう》と厳しさを一層感じられたことでしょう。

12月

巨《おお》いなる
時めぐりくるを
感じつつ
若き人等に
寄する思ひを

不尽

十二月一日

日本民族の使命は将来の東西文化の融合に対して、いわばその縮図的原型を提供する処《ところ》にあるであろう。

〈小註〉 この壮大な世界的使命観は、必ずや近き将来においてその予兆を確信するに到るでありましょう。それより先に日本民族の再生が果たされるであろうと信ずるからです。

十二月二日

一眼は遠く歴史の彼方《かなた》を、

そして一眼は脚下の実践へ。

十二月三日

日本民族の世界観は、一口にいえば「神ながら」である。神ながらとは、民族生命の原始無限流動の展開をいう。そしてこれが、明治維新まで儒仏の文化を摂取し溶融したが、ついで維新以後は、西欧文化の摂取を容易ならしめてきた根源力である。

〈小註〉「民族生命の原始無限流動」。この一語をもって日本民族の特質を見事に表現下さっています。すなわち融通、無碍《むげ》ならびに融合調和を内包する一語に結晶下さっています。

十二月四日

新しい愛国心の中心は、まず日本民族に対する全的信頼を恢復《かいふく》することであろう。

〈小註〉かつてアインシュタインの曰《いわ》くには「東洋の一角に、日本というかかる卓《すぐ》れた国の存在を神に感謝する」とさえ言われたと聴いています。今こそ日本民族の底に眠れるその誠実・勤労・礼節を愛する民族性の回復をひたすら念ずる他ありません。

十二月五日

世界史は結局、巨大なる「平衡化」への展開という外なく、わたくしの歴史観はち「動的平衡論」の一語につきる。すなわち「動的平衡論」とはこの宇宙間の万象は、すべてこれ陰（マイナス）と陽（プラス）との動的バランスによって成立しているということである。

〈小註〉　これは要するに「易」の哲理より由来するもので、先生の歴史観の帰結です。

十二月六日

「物質的に繁栄すると、とかく人間の心はゆるむ」

これまた「宇宙の大法」の一顕現であり実証である。

〈小註〉　日本は大東亜戦争によって大敗地にまみれて、廃墟《はいきょ》に化し、その後驚異的復興を果たし、経済大国に列するを得たが、精神的弛緩《しかん》も如何ともする能《あた》わず、これが第二の敗戦と言われるゆえんです。

十二月七日

根本的原罪は唯一つ、「我性」すなわち自己中心性である。そして原罪の派生根は三つ。（一）性欲　（二）嫉妬《しっと》　（三）搾取。

〈小註〉「我欲」の内容を具体的な三つにおさえられたところ如何《いか》にも先生らしい鋭利なメスによる人間解剖論です。

十二月八日

ひとたび「性」の問題となるや、相当な人物でも過ちを犯しやすい。古来「智者も学者も踏み迷う」とは、よくも言えるもの哉《かな》。

〈小註〉先生は作家としては谷崎潤一郎をよく挙げられ、学人としては幸田露伴をこよなく推挙されました。

十二月九日

職業とは、人間各自がその「生」を支えると共に、さらにこの地上に生を享《う》けたことの意義を実現するために不可避の道である。されば職業即天職観に、人々はもっと徹すべきであろう。

十二月十日

人間は他との比較をやめて、ひたすら自己の職務に専念すれば、おのずからそこに一小天地が開けて来るものです。

十二月十一日

玄米とみそ汁を主とする生活の簡素化は、今日のような時代にこそその意義は深い。それは、資本主義機構に対する自己防衛的意味をもつ一種の消極的抵抗だからである。

〈小註〉 尊徳先生の道歌に「飯と汁もめん着物は身をたすくその余はすべて身をせむるなり」とあります。生活の最低基本線の確保こそ感謝の源泉でもあります。

十二月十二日

人は内に凜乎《りんこ》たるものがあってこそ、はじめてよく「清貧」を貫きうるのであって、この認識こそが根本である。

〈小註〉「清貧」の生活の根底に確乎としてゆるぎなき凜々たる信念信仰がなければなりません。

十二月十三日

人間形成の三大要因
(一) 遺伝的な先天的素質
(二) 師教ないしは先達による啓発
(三) 逆境による人間的試練

十二月十四日

これまで親の恩が分らなかったと解《わか》った時が、真に解りはじめた時なり。親恩に照らされて来たればこそ、即今自己の存在はあるなり。

十二月十五日

人間は一人の卓越した人と取り組み、その人を徹底的に食い抜けること——これ自己確立への恐らくは最短の捷径《しょうけい》ならむ。

〈小註〉 わたくしの場合は、三十八歳の時、生涯の師森信三先生と出会いそれ以来、八十歳の現在までひたすら学びを続けさせていただきました。

十二月十六日

逆算的思考法とは、人生の終末への見通しと、それから逆算する考え方をいう。だがこの思考法は、ひとり人生のみならず、さらに各種の現実的諸問題への応用も可能である。

十二月十七日

人生を真剣に生きるためには、できるだけ一生の見通しを立てることが大切です。いっぱしの人間になろうとしたら、少なくとも十年先の見通しはつけて生きるのでなければ、結局は平々凡々に終わると見てよい。

〈小註〉少なくとも「十年先の見通し」とのお説は智慧《ちえ》の第一内容に属するものでしょう。智慧とは（一）先見性（二）全体性（三）透察性を意味するからです。

十二月十八日

真に生き甲斐《がい》のある人生の生き方とは、つねに自己に与えられているマイナス面を、プラスに反転させて生きることである。

〈小註〉一般には「プラス思考」と言われていますが、境遇面・能力面におけるマイナス面を「プラス転換」してこそ、真に生き甲斐ある人生が得られるという温情あふれる説得です。

十二月十九日

人間の甘さとは、自分を実際以上に買いかぶることであり、さらには他人の真価も、正当に評価できないということであろう。

十二月二十日

「誠実」とは、言うことと行うことの間にズレがないこと。いわゆる「言行一致」であり、随《したが》って人が見ていようがいまいがその人の行いに何らの変化もないことの「持続」をいう。

十二月二十一日

「心願」とは、人が内奥ふかく秘められている「願い」であり、如何なる方向にむかってこの自己を捧《ささ》げるべきか――と思い悩んだあげくのはて、ついに自己の献身の方向をつかんだ人の心的状態といってよい。

〈小註〉「立志」と「心願」とは少しニュアンスが違うようです。立志には野心・野望の匂《にお》いがまだ残っていますが、「心願」にはそうしたものが微塵《みじん》も感ぜられないのが本来の姿です。

十二月二十二日

「朝に道を聞かば夕に死すとも可なり」（論語）

生きた真理というものは、真に己が全生命を賭《か》けるのでなければ、根本的には把握できないという無限の厳しさの前に佇《ちょ》立《りつ》する想《おも》いである。

十二月二十三日

礼拝とは（一）首を垂れること（二）瞑《めい》目《もく》すること（三）両手の掌《てのひら》を胸の辺りで合わせる——という三要素。最も簡易にして、かつ最も普遍的な宗教的行といってよいが、いずれも人をして相対を超えしめる具体的方案といってよい。

〈小註〉 礼拝の三大要素（一）垂頭（二）瞑目（三）合掌《がっしょう》そのいずれもが（一）謙敬（二）内観（三）融和の具体的な行法なるを教えられます。

十二月二十四日

神はこの大宇宙をあらしめ、かつそれを統一している無限絶大な力ともいえる。同時にそれは他面、このわたくしという一人の愚かな人間をも見捨て給わず、日夜その全存在を支えていて下さる絶大な「大生命」である。

十二月二十五日

立腰と念仏の相即一体は宗教の極致。即ち自他力の相即的一体境であって、いずれか一方に固定化する立場もあるが、両者の動的統一がのぞましい。

十二月二十六日

「生」の刻々の瞬間から「死」の一瞬にいたるまで、われらの心臓と呼吸は瞬時といえども留まらない。これは「ありがたい」という程度のコトバで尽せることではない。「もったいない」と言っても「忝《かたじけな》い」といってもまだ足りない。文字通り「不可称不可説」である。

十二月二十七日

けふひと日いのち生きけるよろこびを
夜半にしおもふ独り起きゐて

〈小註〉先生は「一日生涯」の心で仕事に打ち込まれるので、たいてい就寝は午前一時・二時に及ぶことしばしばでした。その夜半に味わう無限のよろこびの表明であります。

十二月二十八日

私が何とか今日まで来れたのは、十五歳のとき伯父の影響で岡田式静坐法を知り、爾来八十二歳の現在まで一貫して腰骨を立てて来たことに拠《よ》るが、しかし近ごろになって、それだけでは尚《なお》足りず、やはり「丹田の常充実」こそ最重大なことに目覚めて、今や懸命にこれと取り組んでいます（尚、丹田の充実には、最初に「十息静坐法」をした上で入るのが良いと思います）。

十二月二十九日

我われ一人びとりの生命は、絶大なる宇宙生命の極微の一分身といってよい。随って自己をかくあらしめる大宇宙意志によって課せられたこの地上的使命を果すところに、人生の真意義はあるというべきであろう。

十二月三十日

私の死後、この実践人の家を訪ねて、「森とは一体どんな人間だったか」と尋ねる人があったら、「西洋哲学を学んだがもうひとつピッタリせず、ついに『全一学』に到達して初めて安定したが、それ以外には唯石が好きだった」と仰《おっ》しゃって下さい。

十二月三十一日

念々死を覚悟してはじめて真の生となる。

自銘

学者にあらず
宗教家にあらず
はたまた教育者にあらず
ただ宿縁に導かれて
国民教育者の友としてこの世の
「生」を終えん

終戦後帰還間なき日に

あとがき

思えば、今から七・八年前、藤尾社長さまより連絡があり、折入ってお話しししたいとのことで、大阪中之島のリーガーロイヤルロビーにてお待ちしたことがあります。何のご用かと思い伺いますと、実は森信三先生の『一日一語』を当社で出版したいとのことです。これは、わたくしのささやかな出版業の処女作であり、記念碑的意味をもつものなのです。これだけは、あくまでも自費出版を貫きたいとご丁重に申上げたものでした。

ところが、わたくしも年齢を重ね傘寿を迎えるに及び、自営の出版業も断念せざるを得ない事情もあって、一切の在庫を一掃いたしました。その折しも、致知出版社の『一日一言』シリーズの名語録がひきつづき版を重ねつつあり、ここで、その一連のシリーズにぜひとも森信三先生の『一日一語』をお加え頂きたいとお願いいたしましたところ、心よくご理解をたまわり、ここに新版の『一日一語』を装いも新たに発行していただく運びとなりました。思えば名もない自費出版の域を超えて、このたび致知出版社を通して、全国的に流布されることは何よりの幸いと思います。

何となれば今や現代日本の社会、家庭はもとより、政治・経済・教育の問題の山積するなか、人間の生き方のみならず日本の進むべき道につき、森信三先生の数々の名語録は、根源的な一大光明を示唆するものと確信いたしております。

先生の教えは、天上に輝く万華鏡たるにとどまらず、大地におりて蟻《あり》の這《は》う姿まで映し出す教えなのです。もっと言えば一挙手一投足の教えであり、日常実践の着手点を明示する教えなのです。いまやこの基本の凡事から立ち直らねばならぬ時点にまで到っているのではないかと思われてなりません。

そうした意味において、この一日一語にちりばめられた明言卓説を熟読吟味いただたくなれば、必ずやそこに気づきの世界があり困難打開の道が開かれるのではないかと思われてなりません。

この本書の発行につきまして、致知出版社の皆さまのご尽力に感謝し、末筆ながら御礼を申上げます。なおまた願わくば、本書の読後感につき、致知出版社あて、ハガキ一枚にても読者諸兄より一筆お寄せ頂くなれば、何よりありがたい事としてお待ち申し上げております。

寺田一清

平成二十年二月吉日

●森　信三先生・略歴

明治29年9月23日、愛知県知多郡武豊町に端山家の三男として生誕。両親不縁にして、3歳の時、半田市岩滑《やなべ》町の森家に養子として入籍。半田小学校高等科を経て名古屋第一師範に入学。その後、小学校教師を経てより、広島高等師範に入学。在学中、生涯の師西晋一郎先生に邂逅。のち京都大学哲学科に進学、西田幾多郎先生の講筵に侍る。

大学院を経て、天王寺師範の専任教諭となり、師範本科生の修身科を担当。のち旧満洲の建国大学教授（44）に赴任。50歳にして敗戦。九死に一生を得て翌年帰国。幾多の辛酸を経て、58歳神戸大学教育学部教授に就任。65歳をもって退官。70歳にしてかねて念願の『全集』25巻の出版刊行に着手。同時に海星女子学院大学教授に迎えらる。

77歳長男の急逝を機に、尼崎市立花町にて独居自炊の生活に入る。80歳にして『全一学』五部作の執筆に没頭。86歳脳血栓のため入院。88歳より神戸の三男宅にて療養。89歳にして『続全集』8巻の完結。97歳、平成4年11月21日逝去せらる。

〈編者略歴〉
寺田一清（てらだ・いっせい）
昭和２年大阪府生まれ。旧制岸和田中学を卒業。東亜外事専門学校に進むも病気のため中退。以後、家業（呉服商）に従事。昭和40年以来、森信三氏に師事し、著作の編集発行を担当する。社団法人「実践人の家」元常務理事。不尽叢書刊行会代表。編著書に『鍵山秀三郎語録』『西晋一郎語録　人倫の道』『姿勢を正し声を出して読む　素読読本「修身教授録」抄』『森信三　教師のための一日一語』『森信三先生随聞記』『森信三先生の教えに学ぶ』『二宮尊徳一日一言』（いずれも致知出版社）などがある。

森信三一日一語

平成二十年二月二十八日第一刷発行
令和三年八月三十日第四刷発行

編者　寺田　一清
発行者　藤尾　秀昭
発行所　致知出版社
〒150-0001東京都渋谷区神宮前四の二十四の九
TEL（〇三）三四〇九―五六二一
印刷　㈱ディグ　製本　難波製本
落丁・乱丁はお取替え致します。　（検印廃止）

©Issei Terada 2008 Printed in Japan
ISBN978-4-88474-806-7 C0095
ホームページ　https://www.chichi.co.jp
Eメール　books@chichi.co.jp

人間学を学ぶ月刊誌 致知

CHICHI

人間力を高めたいあなたへ

●『致知』はこんな月刊誌です。

・毎月特集テーマを立て、ジャンルを問わずそれに相応しい人物を紹介
・豪華な顔ぶれで充実した連載記事
・稲盛和夫氏ら、各界のリーダーも愛読
・書店では手に入らない
・クチコミで全国へ（海外へも）広まってきた
・誌名は古典『大学』の「格物致知（かくぶつちち）」に由来
・日本一プレゼントされている月刊誌
・昭和53（1978）年創刊
・上場企業をはじめ、1,200社以上が社内勉強会に採用

―― 月刊誌『致知』定期購読のご案内 ――

●おトクな3年購読 ⇒ 28,500円（税・送料込）　●お気軽に1年購読 ⇒ 10,500円（税・送料込）

判型:B5判 ページ数:160ページ前後 ／ 毎月5日前後に郵便で届きます（海外も可）

お電話
03-3796-2111（代）

ホームページ
致知 で 検索

致《ち》知《ち》出《しゅっ》版《ぱん》社《しゃ》　〒150-0001 東京都渋谷区神宮前4−24−9

いつの時代にも、仕事にも人生にも真剣に取り組んでいる人はいる。
そういう人たちの心の糧になる雑誌を創ろう——
『致知』の創刊理念です。

私たちも推薦します

稲盛和夫氏　京セラ名誉会長
我が国に有力な経営誌は数々ありますが、その中でも人の心に焦点をあてた編集方針を貫いておられる『致知』は際だっています。

鍵山秀三郎氏　イエローハット創業者
ひたすら美点凝視と真人発掘という高い志を貫いてきた『致知』に、心から声援を送ります。

中條高徳氏　アサヒビール名誉顧問
『致知』の読者は一種のプライドを持っている。これは創刊以来、創る人も読む人も汗を流して営々と築いてきたものである。

渡部昇一氏　上智大学名誉教授
修養によって自分を磨き、自分を高めることが尊いことだ、また大切なことなのだ、という立場を守り、その考え方を広めようとする『致知』に心からなる敬意を捧げます。

武田双雲氏　書道家
『致知』の好きなところは、まず、オンリーワンなところです。編集方針が一貫していて、本当に日本をよくしようと思っている本気度が伝わってくる。“人間”を感じる雑誌。

致知出版社の偉人メルマガ　（無料）　偉人メルマガ　で　検索
古今東西の偉人たちの名言を毎朝お届けします。

致知出版社の一日一言シリーズ

安岡正篤一日一言——心を養い、生を養う——　安岡正泰＝監修

安岡師の膨大な著作から金言警句を厳選、三百六十六日の指針となるように編まれたもの。珠玉の言葉をかみ締めつつ、安岡師が唱える人としての生き方に思いを寄せ、自らを省みるよすがとしたい。安岡正篤入門の決定版。

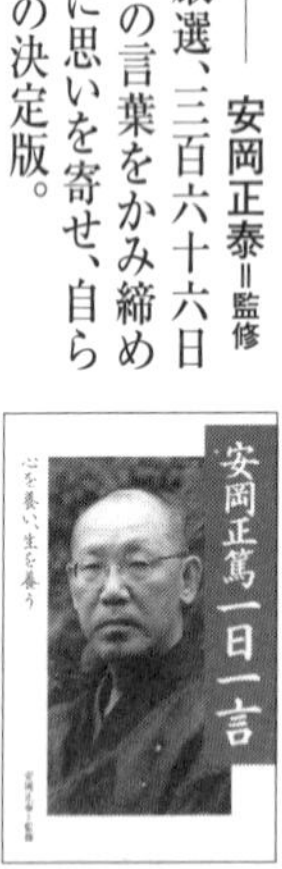

定価
1,257円（税込）

吉田松陰一日一言——魂を鼓舞する感奮語録——　川口雅昭・編

吉田松陰が志半ばで命を落としたのは、わずかに二十九歳。日本を思い、日本のために散っていった彼が残した多くの言葉は、今もなお日本人を奮い立たせている。毎日一言、気骨ある言葉を噛みしめ、日々の糧としたい。

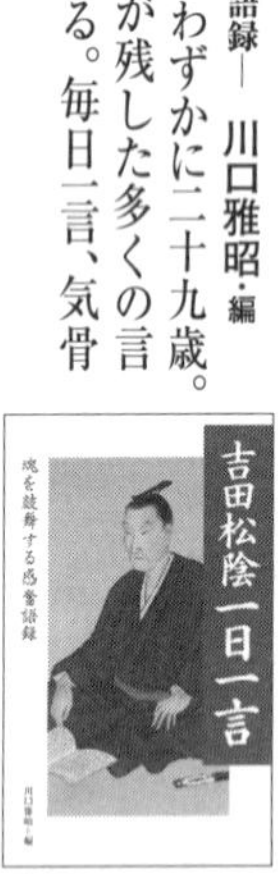

定価
1,257円（税込）

坂村真民一日一言——人生の詩、一念の言葉——　坂村真民・著

坂村真民氏は「命を生ききること」「思い、念、祈り」を題材に、真剣に、切実に詩作に取り組んでこられた。一年三六六日の言葉としてまとめられた詩と文章の中に、それぞれの人生で口ずさみたくなるような言葉があふれている。

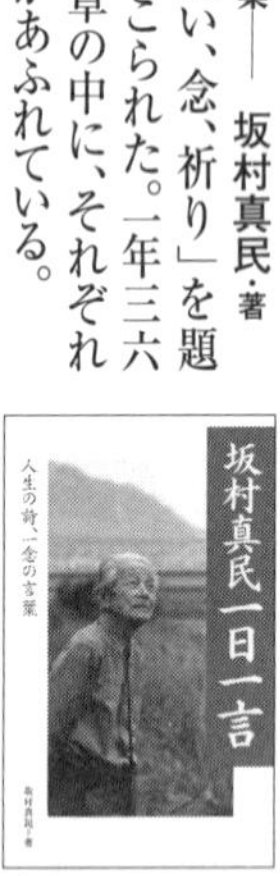

定価
1,257円（税込）

佐藤一斎一日一言——『言志四録』を読む——　渡邉五郎三郎＝監修

江戸時代の儒学者・佐藤一斎が四十余年をかけて書き上げた『言志四録』。全部で千百三十三条ある条文の内容は多岐にわたる。西郷隆盛も愛読したという金言の数々は、現代でも、日常生活や仕事の中で必ず役に立つだろう。

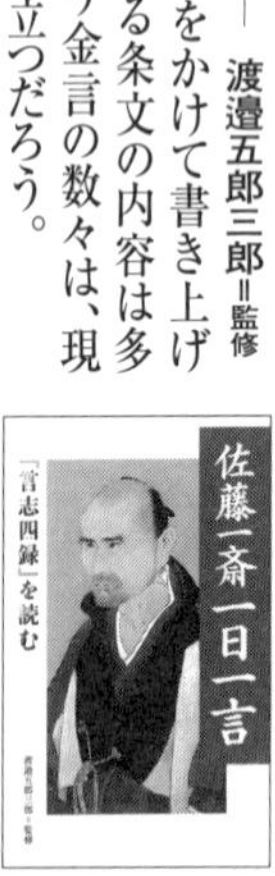

定価
1,257円（税込）